会说话，好人缘

牛广海　编著

吉林文史出版社
JILIN WENSHI CHUBANSHE

图书在版编目（CIP）数据

会说话，好人缘 / 牛广海编著. -- 长春：吉林
文史出版社，2019.9（2023.9重印）

ISBN 978-7-5472-6465-2

Ⅰ．①会… Ⅱ．①牛… Ⅲ．①语言艺术－通俗读物
Ⅳ．①H019-49

中国版本图书馆CIP数据核字(2019)第153377号

会说话，好人缘

HUI SHUOHUA HAO RENYUAN

编　　著　牛广海
责任编辑　魏姚童
封面设计　韩立强
出版发行　吉林文史出版社有限责任公司
地　　址　长春市净月区福祉大路5788号
网　　址　www.jlws.com.cn
印　　刷　天津海德伟业印务有限公司
版　　次　2019年9月第1版　2023年9月第3次印刷
开　　本　880mm×1230mm　1/32
字　　数　145千
印　　张　6
书　　号　ISBN 978-7-5472-6465-2
定　　价　32.00元

前　言

在当下，说话和表达能力在人际交往中日渐被重视，一个人只有把话说好，才有好人缘。

但说好话是一门学问，是一种智慧，更是一种生活态度的体现。

古人有云："一言以兴邦，一言以丧邦"，而在当代社会，同样也有"一句话可以让人笑，一句话也可让人跳"，这些名言表达的正是说话在我们的人际交往中的大作用，会说话的人，在人际交往中左右逢源如鱼得水，而不会说话的人，在人际交往中左右受限寸步难行。

学过历史的人都知道，春秋战国时期，社会极其动荡不安，各诸侯国之间为了各自的利益，不断攻伐，战事频仍。然而乱世出英才，这个时候涌现出了不少以雄辩闻名的外交家、纵横家，用他们那三寸不烂之舌，周旋于列国之间，挽狂澜于既倒，弭战事于无形。他们用自己的"言论"报效国家，令人敬佩，让人不禁想起那句："一言之辩，重于九鼎之宝；三寸之舌，强于百万之师。"

而在现代社会，我们每一个人都渴望在社会上活得让人羡慕，有成就感，至少也希望自己在社会上多点顺利，少点难堪。那么，我们首先要做的不是别的，就是提高自身的说话能力，因为一个人只有会说话，才会有好人缘，做事才会顺利。

本书就是献给那些渴望提高说话能力的人，那些能说话但说得不太好的人，那些眼看要成功却因为口才受挫的人，那些能言善辩但希望更上一层楼的人，希望他们通过阅读本书，能在这个社会里活得如鱼得水，如虎添翼，如愿以偿，如日中天！

目　录

第一章　千军万马，难抵一张嘴

第二章　打蛇打七寸，说话中点子

第三章　有好人缘也需要嘴巴甜

第四章　说话礼仪是人际交往的前提

第五章　好好说话为爱情和婚姻"镀金"

第六章 巧嘴应变，轻松化解不利局面

第七章 谦逊表达，学会倾听

第八章 千万别"踩"批评的"雷区"

第一章　千军万马，难抵一张嘴

公元前630年，晋国和秦国两个超级大国合兵围郑。小小的郑国危在旦夕，郑国大夫烛之武临危受命，出城向秦穆公说明利害关系。烛之武侃侃而谈，巧妙地勾起秦穆公对秦、晋矛盾的记忆，并剖析当时形势，说明了保存郑国对秦国更有利、灭掉郑国对秦国并不利的道理。秦穆公被其说服，于是退兵。晋文公见联盟破裂，也只好退兵。

肚里有货，张口就来

有一位学者曾说过，如果你能和任意一个人连续交谈十分钟而使对方感兴趣的话，那么你就是一流的沟通高手了。学者这句话，看起来似乎很简单，其实做起来并不容易，因为人有形形色色，三六九等，无论是哪个阶层的人物，你如果能做到和他交谈十分钟而不让他生厌的话，需要很高的说话涵养，即俗话所说的"肚子里有货"。

"肚子里有货"的人，说话才有说服力。有一句古话，叫"工欲善其事，必先利其器"，说的就是这个意思，它要求人们，若想提高自己的说服力，首要的任务就是先充实自己，让自己有涵养。试想想，一个胸无点墨没有涵养的人，是不可能说出话来有说服力的。

所谓说话涵养，是人生的一大学问，这种学问是一种利器，有了它很多事情都会迎刃而解。一个人要是缺乏说话涵养，缺乏说服力，拥有再好的想法也白搭。

历史上最伟大的成就都是说服力的最佳体现。恺撒大帝与拿破仑能够成功创立帝国，都得益于他们能说服他人服从领导。哥伦布说服了西班牙女王伊莎贝拉，让他往西边航行，到达东方的印度；然后又说服她赞助船只费用。奴隶出身的美国废奴主义者弗雷德里克·道格拉斯写道："如果我能说服他人，我就能扭转世界。"最后他说服林肯总统发表了《解放黑人奴隶宣言》。

如果哥伦布肚子里没货，他能说服西班牙女王吗？如果弗雷德里克·道格拉斯肚子里没货，他能说服总统林肯吗？如果他们缺乏说服力，又会怎样？没错，什么事也不会发生。

那么，怎样才能提高自己的说话涵养，做到"肚子里有货"呢？

首先，要善于学习各种知识，只有知识渊博，你才能肚子里有货，妙语如珠地说服他人。

据报载，有一家美容院生意兴隆，在当地颇有名气。在金融危机的那几年，另外几家美容院皆因门庭冷落而关张了，唯独这家美容院一直顾客满门，红红火火。有人不解其故，于是就去找店老板了解其中的奥秘。店老板很直爽，直言相告：我店生意兴隆的原因，主要归功于店内美容师在工作时善于和顾客攀谈。

"您是怎样让您的美容师在工作时有那么好的口才的呢？"

"这很简单，我每月把各种报纸杂志都买回来，规定各职员在每天早晨在未开始工作前一定要阅读，这样，他们自然会获得最新鲜的话题，从而博得顾客的欢心了。"

这个案例对于提高我们的口才表达力和说服力很有启发意义。因为，知识是任何事业的根本，你如果要让自己的谈吐能适应任何人的喜好，并能说服他人，你就要多读书报杂志，多了解各类信息，使各种知识都储备在你的头脑中，待需要应用的时候，就可以有选择地拿出来，从而说服他人了。

这就是说，学习各种知识能够从容地面对各类人谈话，而不尴尬。比如，你不能对每一种人都谈同样一件事情，一个研究科学的人通常不会对做生意的人感兴趣，同样，对一个生意人大谈人生哲学的大道理，也不是很恰当的。

曾有一则小笑话，颇耐人寻味：

Q君以口才见长，于是有人向他请教说话的诀窍，他说："很简单，看对方是什么人，就说什么话。例如遇到屠夫就大谈猪肉，看见厨师就大谈烹调。"那位求教的人又问："如果屠夫和厨师都在座的话，你又谈什么呢？"Q君回答："我谈三明治。"

从以上故事里，我们不难看出，拥有好的口才是建立在深厚的学识基础之上的，如果脱离了这个根本，那么口才就会成为"无源之水、无本之木"，就会像白开水一样，哪里还能说服别人呢？

一个人不可能样样专长，但运用全在自己。为了说服形形色色的人们，你就得具备多方面的知识。

其次，要善于调查了解，知己知彼，才能做到肚子里有货，从而说服他人。

调查了解指的就是要在说话前有所准备，不打无准备之仗。为了说服他人，做调查研究是首要的，也是必需的。因为任何交谈要建立在对一系列相关内容进行深入细致的调查研究基础上才有说服力。如果不调查、不研究，心中无数，就不能做到有的放矢，也就不可能使自己的谈话产生实际的效果。要知道，那种脱离实际、脱离群众的高谈阔论是永远不会受到欢迎的。

罗索·康威尔有一个著名的讲演，题目为《如何寻找自己》，他先后就这个题目讲过近六千次。人们也许会想，重复这么多次的讲演应该已经根深蒂固地印在讲者的脑海中了，讲演的字句与音调可能不会再变了。其实不然，康威尔博士晓得听众的程度与背景各异。他觉得，必须使听众感到他的讲演是个别的、活生生的东西，是专门为这一次的听众而作的。他如何能在一场接一场的讲演中成功地维持着讲演者、讲演与听众之间活泼愉快的关系呢？他这样写道："当我去某一城或某一镇访问时，总是设法尽早抵达，以便去看看邮政局长、旅馆经理、学校校长、牧师们等，然后找时间去同人们交谈，了解他们的历史与他们拥有的发展机会。然后，我才发表演说，对那些人谈论，就得适用他们当地的题材。"正是这些扎扎实实的调查研究，才使他很快地进入角色，从而走向成功。

最后要注意的是，肚子里有货要有真货，要懂得吸收利用，而不能照本宣科，把学到的知识重述出来，这样不仅不会说服他人，还有可能引起他人的反感。

当我们说话的时候，我们不能像背书一样把要说的话鹦鹉学舌般地重述出来，而是要应用这些话来表述我们的态度和看法，这样才能说服别人。所以，你在吸收这些知识的时候，要用自己的态度和观点去衡量一番。这些知识都在提供一些对人对事的看法，都在影响你对人生的观点和态度。

由此可见，口才的好坏与说话的技巧有关，但更与自己掌握知识的多少有密切关系。古人有一句话说得好："腹有诗书气自华"，肚子里没有多少知识的人，说出来的话肯定没有多少说服力，又怎么能让别人信服呢？读过历史的人都知道，当年诸葛亮在隆中苦读，一出山后便有舌战群儒之功，恐怕当年的诸葛亮并不曾专门去学习过如何辩论，所依靠的是他数十年的苦读。

所以，我们平时要加强修养，拓宽知识面。只有那种以丰富的知识为坚强的后盾，能够给人以力量、愉悦之感的谈话，才是真正的好口才，才能说服他人。

正确说话，说正确的话

平时，我们与他人交往时，说话的内容自然很重要，但是，你给别人的印象是好是坏，别人对你的评价如何，并不完全取决于你说话的内容，有时你说话的方式也有着重要的作用。这就是说，我们既要学会正确地说话，也要说正确有效的话。

我们都知道，对一件事情的叙述，每个人都会有不同的表达方式。对事物含义的微妙差异，在说话时应该付出的热诚的程度等，都是值得推敲的。所以，应该承认，在社会应酬中注意自己的说话方法，并非是无足轻重的事情。

比如，在不同心态下，用不同的说话方法，都可以决定我们能否把该强调的重点充分地表达出来。因此，一个人在与人说话的时候，始终保持一份好的心情，肯定能加深别人对他的好感。相反，那些说话装模作样、自命不凡、优越感太强的人，朋友也会离他越来越远。

可见，说话应该做到脉络清晰，条理分明。因为有关你的工作能力、教育程度、知识水平、兴趣爱好以及许多方面的情况，都是通过你的言谈表露出来的。一个说话东拉西扯没有层次的人，很难让人明白他究竟想要说什么。所以，一个说话不能掌握正确的方法、不能强调重点、言语没有分寸的人，他的社交应酬肯定是劳而无获，不会有什么好结果的。

在企业里，客户服务人员与客户沟通时，说话方式的正确与否，表达的效果就很不一样。比如，"干什么，有啥事？"与"先生，请问您有什么事？""等会儿"与"请稍候"，虽然表达的内容差别不大，但是给客户的感觉却截然不同。又比如，客户嫌某些服务手续麻烦，客户服务人员如果生硬地说"这是公司的规定"，客户便会产生不满情绪。但如果换一种方法，首先对客户的抱怨表示理解，然后再晓之以理，用以前客户因嫌手续麻烦而不遵守规定，最后反而添了更多麻烦的事例来暗示，客户便能慢慢理解规定了。

掌握说话方式，就能正确地说话，但正确地说话，说出来的并不一定就是正确的话，也不一定是有效的话。那么，什么话才是正确有效的话呢？

1. 说熟悉的话

我们每个人在某些特定的领域都有着一技之长。你是如何谋生的？如果你在房地产领域的知识为你带来了丰厚的收入，可以确信会有很多人迫切地渴望聆听你的见解。或者，不谈论你的工作，你可以围绕你生活中所遇到的形形色色的人来说。如果你喜欢观察他人并在描述他们的行为举止上颇有天赋，你可以变成一位业余的人类学家或社会心理学者。

2. 说新颖的话

布瓦格曾说过："一句漂亮话之所以漂亮，就在于所说的东西是每个人都想到过的，而所说的方式却是生动的、精妙的、新颖的。"他的话，无疑是对"新颖"一词最形象的阐释。

说话要有说服力，我们不但要说真实的、自己熟悉的话，而且还要追求新颖。也就是说，要在真实、自己熟悉的基础上，注重选取新颖的材料。什么叫"新"？自己最熟悉、了解详情而恰好又是别人忽视、不太注意的叫"新"；对人们熟知的、自己却有了新认识或新体验的叫"新"；别人没有讲过或很少讲过的话叫"新"；最近发现的，有时代感，有意义，有意思的叫"新"。当然，那些脱离"真实"二字，故意编造、猎奇的话，不能算"新"。

3. 说积极向上的话

人在世上，不可能是一帆风顺的，或者遇到困难，或者遇到挫折，或者遇到变故，或者遇到不顺心的人和事，这些都是人生前进中的正常现象。然而，有的人遇到这些现象时，或心烦意乱，或痛苦不堪，或萎靡消沉，或悲观失望，甚至失去面对生活的勇气。不可否认，当这些现象出现时，会影响人的思维判断，会刺激人的言行举止，会打击人面对生活的勇气。比如，当你在工作中受到了上司的批评后，你会思想低落；当你在生活中遇到别人误会你时，你会感到气愤和委屈；当你失去亲人朋友时，你会悲痛至极；当你在仕途中遇到不顺时，你会怨天尤人，工作消极。

出现这些现象都很正常，因为人是会思维的高级感情动物，这也是区别于一切低级动物的根本。但这些表现不能过而极之，否则你会活得很累，活得很不开心，活得很不幸福。

所以人在生活中，要学会用积极向上的心态面对生活，说积极向上的话，做积极向上的事。

所谓积极向上的话，就是一种鼓舞士气、激励斗志的话，就像蒙哥马利元帅在诺曼底登陆中对担负突击任务的士兵发表的演说，对士兵产生了极大的鼓舞。他说："你们在干一件无与伦比的大事业。世界将通过你们完全变一番模样，历史将为你们树立一座丰碑，写上：你们是迄今最优秀的军人！这场世界上从未有过的拔河比赛，这些即将开辟第二战场的军人们所负的责任是成功地执行自己的任务，并最后作为一个自豪的人，回到家里，同亲人团聚。"

　　他的话顿时激发了士兵们大无畏的战斗精神，士兵们高呼："元帅的贝雷帽和演讲给了我们扑向死神的力量。"他的话为何如此有说服力和震撼力？因为他是正确地说出了正确有效的话。

空口无凭——事实胜于雄辩

当你有一个好主意与人分享的时候，你会非常希望其他人也将按照你的思路来思考问题。于是，你就会把事实摆在他们的面前，用事实来说话，这样其他人也就会得出与你相同的结论，进而，他们就会很自然地被你的想法所说服。这就是俗话所说的：事实胜于雄辩。

一个人在社会上活，不管你的口才如何出众，怎么也敌不过铁的事实。这就是"用事实说话"的妙处，它能够通过对事实的适当选择与表述，巧妙地表达说话者的立场与观点。也就是说，"用事实说话"成功的关键，在于不是通过说话者的直接议论，而是让经过精心选择的事实，运用事实的逻辑说服力，充分而含蓄地表现说话者的倾向与观点。

"用事实说话"，说话者寓情于事实，能够通过事实潜移默化地影响听话者，且具有较强的说服力。

曾有一个大学毕业没多久的小伙子想当部门经理，在他的竞聘演讲中，有这么一段：

也许你们有人会说我"嘴上无毛，办事不牢"，但我想追问一句："嘴上无毛"就一定"办事不牢"吗？不一定吧？古今中外许许多多军事活动家，恰恰都是在风华正茂的时候担当重任并建功立业的。大家都知道岳飞，他二十多岁带兵抗金，当节度使时才31岁；他子岳云12岁从军，14岁随州率先登城，成为军中骁将，20岁时就当了将军。还有那个曾经统率大军席卷欧洲大陆的拿破仑，从巴黎军事学院毕业时不过是炮兵少尉；法国大革命时参加革命军，1873年率部队在土伦战役中击溃保皇复辟势力被晋升为少将时才24岁；统兵攻打意大利，不到30岁即当了东线和南线的指挥官，独当一面，任国防部长时才40岁。在我国军队里，许多老师，多数不也是在二三十岁时就当了师长、军长、军团长以至方面军总指挥了吗？由此可见，"嘴上无毛"与"办事不牢"之间并没有必然联系，关键是有才与无才。我套用一句古话来说："有才不在年高，无知空活百岁。"

在这段讲话中，小伙子为了打消众人对其年轻的顾虑，先后引用了岳飞、岳云、拿破仑等多个少年有为者的事例，以确凿而充分的事实证明了年龄与才能之间没有必然的联系，对听众很有说服力。

不少人在说话时，喜欢讲大道理。道理当然可以讲也应当讲，但道理一旦变成了"大道理"，就空泛而又无趣。特别要注意的是：讲大道理容易让听众产生一种你在居高临下、教训人的感觉。没有人喜欢被别人居高临下地教训，对于很多的大道理，许多人早就麻木甚至反感了。

要想事实胜于雄辩，我们在援引具体的事实时，一定要有真实的事实，不可虚构。你可以引用历史事实来帮助自己说服听众。因为历史常有惊人的相似，有所谓"以古为鉴，可以知兴替"一说。而且引用史实还可以借助史实无可辩驳的说服力，生动形象而且引人入胜，有助于人们从中得出结论。

一位拥有数百万观众的节目主持人皮耶曾向记者表示："根据我多年的经验，深切体会到唯有举证实例，才能使思想表达清晰明了、引人入胜、具有说服力。我的秘诀就是为证明我的重要论点而举出生动有力的实例。"由此可见，事实是最有力的说服者。

在企业，尤其是在管理部门工作的人，说话更要以事实为依据，缺乏事实的夸夸其谈只能让下属反感，让上司不信任，而且有损自己的威信。

古人有言："山不在高，有仙则名"。说话也一样，话不在多，有理则灵，那些不着调的连篇废话，往往抵不上一句有根有据的话的作用。我们平时说一个人的口才好，并不一定就指的是他能说会侃，说得天花乱坠，而是说他说的话能起到振奋人心、振聋发聩的作用。

人类第一次驾驶飞机飞离地面的日子是 1903 年 12 月 17 日，美国发明家莱特兄弟完成了这一历史壮举后，到欧洲去旅行。

在法国的一次欢迎宴会上，各界名流都来庆祝莱特兄弟的成功，并希望他俩给大家讲一段话。再三推辞之后，大莱特坦然走上了讲台，他只讲了一句话："据我所知，鸟类中会说话的只有鹦鹉，而鹦鹉是飞不高的。"这句精彩的话，立刻博得了全场热烈的掌声。他的这一句话，用真实的事实高度概括了一切，发人深省，给人留下了十分深刻的印象。

不过，我们在说话前应当想好，生动实例的选择和运用决不能良莠不分，引而无类。建议你用事实说话时遵循下面三个原则：

1. 要有人情味

应当说，自己的事例是最容易生动具体地讲出来的，也是最富有人情味的，但是一些人受到常识性禁忌的约束，不敢或不屑谈自己的事。这是错误的想法，你在说话时可以毫不犹豫地谈论自己的经历，听众是不会产生反感的。主张"不要谈自己的事"是骗人的，也是不明智的。除非你的话非常带有挑战性，并且过分以自我为中心，否则听众是不会对你个人之事缺乏兴趣的。千万不要忘记，这是容易引起听众共鸣的最可靠的手段。

2. 使用真实姓名，将事实个性化

如能将事件中涉及的主要人物的姓名和职务说出，如果不方便说出，也可用假名来代替，例如张三、李四等一般无个性的名字，这比代名词的效果要好得多。有名字就容易有所区别，也会形成有个性的真实印象。杜洛夫利西说："有名字的故事最具有真实性；隐名是非真实性的作风。想想看，读一本没有任何主角名字的小说，会有怎样的感受……"

3. 交代要清晰分明

说话时，事例的交代要明确、清楚，这是毫无疑义的。要怎样才是明确、清楚呢？我们不妨参考新闻报道的五要素原则，这五点很适用我们说话时对事实的交代：①时间；②地点；③人物；④事件；⑤事件发生的原因。只要你将这些要素交代清楚，你就能良好地表达自己，并且会给听众以具体、真实的感觉。

从生活细节入手，润物细无声

常言道："泰山不拒细壤，故能成其高；江海不择细流，故能就其深。"所以，无论在什么场合说话，如果我们能够于细微处下功夫，从话语细节入手，就能使说话既收到"润物细无声"的效果，又有极强的针对性。

事物是由无数个局部构成的，因而局部可以反映整体的某些特性。一个人也是如此。一般来说，人的整体形象反映在一个个有意无意的小动作、一件件微不足道的小事情中。

很多人懂得从细微之处赞美他人，更能显出赞美的力量，更能激发个人的内在潜质，使他人做出更大的贡献。所以说，从细节入手的赞美话语，往往会有神奇的效果。

当我们说话想赞美他人时，越细致的赞美会越有力量。称赞得越广泛越庞杂，它的力量就越弱。因此，说赞扬别人的话时，要针对具体的某一件事情。例如，"比尔，你今天的穿戴非常得体，你的领带跟你的黑色西服很相配"要比"比尔，你今天穿得很好看"更能说到比尔的心里去；而"玛丽，你每次和人们说话时，都能让他们觉得自己很重要"就比"玛丽，你很会与人相处"会更有力量。

某学校元旦晚会上，大家都兴高采烈，有说有笑，台上节目正精彩纷呈。而在一个角落里，有一个叫王朋的学生闷闷不乐，心事重重。这时候，主持人发现了王朋，他疑惑地想：王朋平时表现得挺积极的，做事很热情，今天是怎么了？同时，主持人还想到，王朋是新转来的学生，可能与新的同学还没有相处融洽，或者是在想以前的同学、朋友了。于是，他就对大家介绍道："王朋是这学期刚转到我们班的同学，平时各方面都表现得很积极，与同学关系也很融洽，我们现在就像是一家人了，共欢乐，同进步吧。现在，欢迎王朋同学为我们唱支歌好吗？"

王朋听了这番话，深深感动，感到了新班集体的温暖和凝聚力，就很快与大家融合在一起了。

从案例中看出，这位主持人是很细心的人，他懂得说话要从细微处入手，才有良好的效果。对于王朋来说，主持人的话就像丝丝细雨，滋润了他心中的不快。

说话是一门艺术，不同的词汇组合，不同的语气都会收到不同的效果。人际交往中，说话交往的时候一定要注意到一些细节问题，从细节入手，否则可能会产生一些很不好的结果。

人拐弯聪明，话拐弯机巧

我们都懂得，做人要诚实，要说实话，不能说谎。但在现实生活中，只要我们的出发点是善意的，是为了对方好，从某种角度来说，有时拐个弯说话要比实话实说更可贵。

比如，我们在生活中见过很多旧自行车，有的很旧很旧了，虽然还能骑，但破旧得很。于是有人会这样说："太旧啦！""都快散啦！""快没法儿骑啦！"，等等。这是直叙的、按平常习惯的说法，说出来的意思很清楚，不用想，一听就明白。

然而，在相声《夜行记》里却不这么直说的，而是说成"除了铃不响，剩下哪儿都响。"这种说法似乎有点怪，居然说成该响的偏不响，不该响的却都响。这就是采用了修辞手法中的夸张的说法，意思是说这辆车破旧得很厉害，骑着想必会是摇摇晃晃的。这样的说法听着很新鲜，很多人都没这样说过。但只要一想也就会很明白，而且还会觉得挺有趣，使人一听就能领悟它的意思。这种说出来使人领悟的语法，就是我们俗话所说的：拐着弯说话。

拐着弯说话，指的是一句话的传达，不是用直截了当的方式传达，而是有意使说者和听者之间在默契中传递到，让双方都会感觉其中有不一般的情意，也觉得有趣。

曾从杂志上读到这样一个故事：

姐姐和妹妹两人都已出嫁，但是她们的父母却放心不下。老两口种了很多青菜，隔三岔五就会给姐妹俩送来大袋小袋的青菜。看到父母给自己送菜累得气喘吁吁、上气不接下气的样子，直脾气的姐姐心疼得气不打一处来，她张口就批评父母：我们家什么菜都有，以后不要再给我们送菜了。看看，上次送的青菜没吃完都扔掉了。

妹妹懂得体恤，看见父母累得满头大汗给自己送菜，既高兴又心疼地对父母说：多么新鲜的青菜呀，够我们吃上一阵子了。不过，下次来了要少带点，要不吃不完扔了怪可惜的。

有一天，当妹妹高兴地说完这些话，她父母忍不住流下了眼泪：还是你稀罕我们送的菜，你姐姐很讨厌我们给她送菜呢。

妹妹后来向姐姐说了父母的感受，姐姐不解地说：我是不想让爹妈操心过度才这样说的呀。同样是出于孝心，姐姐的话让父母觉得自己的付出是多余的，而妹妹的话让父母觉得自己的劳动是有价值的。

网络上流传着这样一段佳话：

一位学生的母亲，在家长会上听到老师这样评价自己的孩子："你的孩子上课总做小动作，一节课40分钟，坐不了20分钟。"这位母亲回家后本想对孩子发火，但是考虑到孩子不服输的个性，转念一想却对孩子说："孩子，这次老师表扬你了，说你已经能够在班里认真听讲20分钟了，还说，你以后还会表现得更好。"孩子听了这话，从此自信心大增，通过家长的不断鼓励，这位孩子进步很快，最终改掉了好动的坏毛病。

这位家长，她就是用拐了弯的话，焕发了孩子的自信心，激发了孩子的进取心。如此拐个弯说话，更能深入人心，我们何乐而不为呢？有时候，真话可能很伤人，在爱和善的基础上，拐个弯说话效果会更好。

在现实生活中，我们常常会碰到这样的情形：直来直去的实话实说往往会伤害他人，而我们又不能违背"做人要诚实，要说实话，不能说谎"的原则。怎么办？那就拐个弯说吧，拐个弯说话要比实话实说更容易让人接受，更有说服力。拐个弯说话，让对方感受到你春风化雨的善意；拐个弯说话，你同样会收获心有灵犀的微笑！

哲学家曾经说过："只有懂得绕弯子的人，才是有可能达到光辉顶点的人。"说话绕绕弯子，就犹如在"良药"外面包了一层糖衣。旁敲侧击，直话绕着说，让别人不知不觉地认同你的观点，正是人际交往的最高境界之一，也能让你巧舌如簧，开口就有说服力。

8个提升说服力的妙招

很多时候，当你与别人争论问题时，明明知道自己的观点是对的，可偏偏无法说服对方，有时还会被对方"驳"得理屈词穷。这就是说，说服对方并非轻而易举就能实现。不过，如果说服非常有力，那它几乎就是无法抗拒的。心理学家们长期以来一直被说服这一社交艺术所吸引——为什么有些人会比另一些人更具有说服力呢？为什么一些说服策略能够成功而另一些却屡屡失败呢？

下面，就介绍一些提升说服力的技巧：

1. 做一个模仿者

巧妙地模仿他人的行为习惯——头部和手部的动作、姿势等，是最有力的说服策略之一。为了探索模仿的"魔力"，科学家们进行了一个实验，让销售代表向学生推销一种新的饮料。其中，一半的销售代表按照要求，模仿与他们谈话的学生的肢体动作和语言。结果，被模仿的学生对饮料的评价更高，他们对饮料的市场前景也非常看好。这些研究表明，模仿可以在人际互动关系中增强说服的效果。

不过，需要提醒的是，过度模仿会适得其反，至少在被对方察觉后会很尴尬。其要点在于：要巧妙运用，模仿幅度不要过大，当你稍感不妙时要立刻停止。

2. 利用"居家优势"

邻居老王家的一棵古树长势繁茂，正好将邻家院内菜地的阳光遮住了，邻家试图与他协商解决此问题，那么是应该登门拜访呢，还是应该邀请其到自家来呢？

心理学家泰勒等人曾经按支配能力（即影响别人的能力），将一个班的大学生分成上、中、下三等，然后分别抽取一些组成一个小组，让他们从十项大学预算削减计划中选择一个最好的。一半的小组在支配能力高的学生宿舍里，一半在支配能力低的学生宿舍里。结果发现，研讨的结果总是根据宿舍主人的意见行事，即便主人是低支配力的学生。

如此看来，一个人在自己长期所处的环境中比在对于自己相对陌生的别人的环境中更有说服力。因此，在日常生活中，要充分利用居家优势，如果不能在自己家中或办公室里讨论问题，也要尽量在对于双方来说都属于中性的环境中进行，使对方也拥有居家优势。

3. 修饰仪表

若想让上级同意你的申请，你是修饰仪表后再去呢，还是相信外貌永远是第二位的？人们常常以为，一个人受别人的语言影响比受其外表的影响要大得多，其实并不尽然，因为人们总是不自觉地以貌取人。有人通过实验证明，外表装扮不同的人在请求陌生人帮助时，那些仪表服饰更具吸引力的人通常比不修边幅的人更容易获得成功。

4. 使自己等同于对方

当你想动员一群青年去打扫卫生，而他们却十分不情愿时，你会怎样做呢？当你尝试着改变某人的个人意愿，你越是将自己等同于别人，你的话语和行动就越具说服力。例如，一个优秀的销售员总是以顾客说话的语调、声音和韵律来约束自己的话语，甚至行动、呼吸等也下意识地与顾客保持一致，这是因为每个人都倾向于相信"自己人"。

5. 提出有力的证据

你正要参加一次重要的决策会议，并要为一桩不为大家看好的项目争取很大一笔投资，你会拿出什么样最有说服力的证据呢？

如果给每位参与决策人员提供真实可靠的证据而不是滔滔不绝地讲述个人的看法，就会增加说服力。但要懂得大家受证据影响，也同样程度地会受到证据来源的影响，因此引用权威证据更能消除人们的先入之见。

6. 运用具体情节和事例

如果现在你想刊登一则药品广告，你是会将药品成分、功能、用法一一罗列呢，还是以案说法，将某个患者用后如何痊愈的故事告诉大家呢？

成功的劝说者都明白一点：一些具体的事例和经验，较之概括论证和通用原则更具说服力。因此，你要想多推销出药品，就要采用后一种方法。在日常生活中也是如此，想说服他人应该引经据典地使用具体例子，而不是口若悬河地说教。

7. 把你的想法变成他的想法

一些固执的人从不轻易接受别人的建议，不管那种建议是如何的合理如何好，他总是认为自己的想法才最具价值。那你怎样才能使这些人改变原有的思想观念按照你的意愿行事呢？你完全可以让他认为这种新想法完全是他自己想出来的。你播种，让他去收割。

不管你多么巧舌如簧，也不论你有多么坚实的事实和数字支撑自己的观点。如果对方不想做这件事，任凭你用尽浑身解数也是说服不了他们的。所以，除非你已确认对方认定你的计划是好的，否则不要将自己的意愿强加于人。一旦你融入他们的目标和价值观里，就可以说服他们。

8. 消磨对方

当你感到饥饿时，你不会对食物挑肥拣瘦，相反，任何能填饱肚子的食物都非常美味。同样，如果有一个人在你脑子活乱时，向你大力推荐他的产品，这时，你很容易被说服。所以，如果你想使自己更具说服力，那么你就要在对手筋疲力尽的时候出击。

第二章　打蛇打七寸，说话中点子

打蛇要打七寸，牵牛要牵牛鼻子，如果不打七寸，不牵鼻子，很可能徒劳一场。一个人说话也是同理，每一句话都有讲究，都要说到点子上。也就是说，说话不但要因人而异，而且要有艺术，说到点子上才有力度。就像我们做工作，只有抓住重点，抓住要害，落实到点子上，方能见成果，出效益。不然，就是说一千、道一万也是枉然。

把话说到点子上

在生活中，我们经常看到一些人喋喋不休、滔滔不绝地高谈阔论，而又词不达意，语无伦次，让人听而生厌；还有些人喜欢夸大其词，侃侃而谈，说话不留余地，也没有分寸。这样的说话，表面看好像口才不错，其实其结果恰恰相反，很容易造成画蛇添足的恶果。

有人说，话不在多，点到就行，意思就是不管你怎样说，说多说少，一定要把话说在点子上，说到别人的心窝里。因此，我们在开口之前，应先让舌头在嘴里转十个圈，把多余的废话转掉，准备一些简单明了的话，一开口就往点子上说，千万不要东拉西扯，不知所云。

近代文学家朱自清先生曾写过一本叫《怎样说话与演讲》的书，书里的代序中有一段话说得很有意思，在我印象中记忆深刻，现摘录于下：

……有人这个时候说，那个时候不说；有人这个地方说，那个地方不说；有人与这些人说，不与那些人说；有人多说，有人少说；有人爱说，有人不爱说，哑子虽然不说，却也有那咿咿呀呀的声音，指指点点的手势。

说话本身并不是一件容易事，要把话说到点子上就更不容易。天天说话，不见得就会说话；许多人说了一辈子话，没有说好过几句话。

所以说，真正好的说话技巧，就是能把话直接说到点子上，说到别人的心窝里去。

那么，是不是只要说好话就容易把话说到点子上呢？不见得！过于轻率或频度过高的类似"你真棒"之类的好话，有时也会让孩子神情黯然。孩子如此，大人也同理，一味地奉承与吹捧，不一定就能把话说到点子上。

要把话说到点子上，最重要的一点就是说话要简洁，简洁才有力，才容易到点子上。为什么有人叽叽歪歪、啰里啰唆、婆婆妈妈地说了一大堆，人家还是听不懂？为什么有的人引经据典、旁征博引、天上地下地说了一大套，人家还是不明白？说话不简单，听着就会听复杂，你越是想说清楚，就越是把听者给绕糊涂了。

而最会说话的人永远是言简意赅的人，他们所说的都是最有效的话。他们通过简单明确地语言，能把最复杂、最困难、最麻烦的话说清楚，讲透彻，而且也最容易被不同的人理解、接受和执行。

那么，我们怎样才能把话说到点子上呢？

1. 有话直说

说话不是写文章，没必要"为赋新词强说愁"。即便是把说话当成写文章，也没有必要弯弯绕。说话更不必别别扭扭，有话直说好，原原本本，清清楚楚。有话说的人，根本没有时间瞎琢磨——只有那些无病呻吟的人，才哼哼唧唧要哀怜。

要想说话动人动听，就先要回到说话的根本——沟通，这时，你会发现，说话只有简单直接最有效。

丈夫说：老婆，最近咱家开支又超了，咱俩讨论怎么节省开支好不好？这种说法，相信大多数"媳妇"会接受，平心静气地和丈夫商量怎么"节流"。

媳妇说："老公，最近家里钱不太够花。你能不能想想办法挣点'外捞'啊?"老婆这么说，丈夫也多数会接受。

可见，简单说话，往往容易说到点子上，因为说的实际情况，很少掺杂个人主观色彩。这正是简单说话最有效的原因之一：直接告诉对方有什么事，我的意见是什么?

2. 长话短说

古语说："有话即长，无话即短"，但是有着"八股癖"的人，却非要"短话长说"，他们觉得"长说"很过瘾，认为这样说话在镇住对方的同时，也显示了自己原本的知识。其实这是极其错误的。

比如说"城市住房紧张"的问题。他们先从原始人穴居野处，有巢氏构木为巢讲起，直到奴隶社会、封建社会、资本主义社会的住宅问题，一路讲下来，最后讲到我国过渡时期的总路线、总任务和人民生活改善的状况，等等。在听众昏然欲睡之时，才开始引入正题。

这还只是开场白，接下来的正文，本可两句话说完的，就得说成三句四句，扯上十条八条不算多，并附之以故事、逸事、理论等，最后还有几点建议之类。有时"最后"之后还有"最后"。要说它的"好处"，在于能够磨炼听者的毅力吧。

但是，从说话的目的来说，无论我们说话的内容有多少，都要尽量地"长话短说"。长话短说可以锻炼人的快速思维能力，提高行动的敏捷性。况且，现代社会人人都很忙，谁也没时间听别人长篇大论。倘若按照"寸金寸光阴"来算，喜欢短话长说的人，浪费自己的时间和浪费别人的时间该值多少钱呢?要想把话到人家的心窝里去，说到点子上，就得把长话往短了说。

3. 急话慢说

我们可以把话说简单，说精彩，说到点子上。但是如果我们说话的时候心理起急，那么本来简单易懂的话可能就会被我们说得不成样了。

人为什么会心急呢？原因有很多，但主要原因还是因为觉得自己驾驭不了所面对的局势。其实，事情一旦做起来，是否驾驭得了就不那么重要了，踏踏实实地干好就得了。

说话也是如此，谁也不可能不说话，而且肯定有自己不敢说而又不得不说的时候。在这种时候，大可以放平心态，有话直说，长话短说，别顾虑那么多，简简单单地把话说出来。相反地，如果你因为心急，支支吾吾、颠三倒四地说了半天，让人家听得一头雾水，半天听不出来个所以然来。

急话慢说不仅是对自己，对别人也要如此。有些事情从一开始就让人着急，而人一着急，除了说话语无伦次，表情也会变得僵硬，甚至狰狞恐怖。话还没说，自己的表情先把对方给吓住了，于是对方也跟着着急，结果会什么样子？恐怕不难想象。所以，为了避免自找麻烦，慢慢地把话说简单、化解矛盾是时时刻刻都要遵循的原则。

总之，随时随地都能把话说到点子上，对一个人的一生很重要。俗话说："祸从口出，覆水难收。"有的人出言不逊，信口雌黄，不经意间伤他人还不明就里；有的人却能谈吐得体，深得人心，随时随地受人拥戴。原因何在？恰恰是因为会说话的人能把话说到点子上，能说得恰到好处。

把话说进对方心窝里

　　说话是一门艺术，它能反映出一个人的涵养和魅力，也能促成情感的交流和信息的有效传递。如果你要去拜访某个客户，或者与某个重要人物见面，你的成功与否，很大程度上取决于你说话是否得当，是否把话说到了对方的心窝里。

　　要把话说进对方心窝里，首先要与人以心换心，推心置腹。尤其是与人交谈时，贵在推心置腹。坦然缘于真诚，说话贵在坦诚，只要你捧出一颗恳切至诚之心，一颗火热滚烫之心，又岂能不说进对方心窝里？怎能不动人心弦？

　　说话不是敲击铜铃，而是敲击人们的"心铃"。"心铃"是最精密的乐器。因此，会说话的人总是用真挚的情感、竭诚的态度击响人们的"心铃"，刺激之、振奋之、感化之、慰藉之、激励之。对真善美，热情赞歌；对假丑恶，无情鞭挞。让喜怒哀乐，溢于言表；使黑白贬褒，泾渭分明。用自己的心弹拨他人之心，用自己的灵魂去感染他人之灵魂，使听者闻其言，知其声，见其心。

　　《左传》中有一则"触龙说赵太后"的故事。

　　赵太后刚掌管国政，秦国就加紧进攻赵国。赵求救于齐。齐王却要求用赵太后最小的儿子长安君做人质才肯出兵，赵太后决不答应。大臣们竭力劝谏，赵太后生气地说，"有再要长安君做人质的，我就睁他的脸。"大臣们因此都不再敢说这件事了，但左师触龙却不畏难。首先他委婉地说明，他是来看望太后的，让太后消了怒气。然后他表示对太后生活起居的关心，语气轻柔，娓娓动听，最后使太后神气缓和了。接着，触龙又引导太后说起儿女情长的话来，他说太后为燕后做了长期打算，而没有为长安君做长期打算，并举例说明无功而封以高官厚禄，只会给子女带来杀身之祸。长安君这次做人质正是为国立功的好机会，今后在赵国就站得住脚了。

左师触龙的这番话坦诚可信，用真挚情感将心比心，从而达到感情上的融洽，最终说服了太后，同意长安君到齐国当人质，从而解除了赵国军事危机。

坦诚说话，确实能说进对方心窝里，容易被人接纳。

松下电器公司还是一家乡下小工厂时，作为领导，松下幸之助亲自出马推销产品。再碰到杀价高手时，他就坦诚地说："我的工厂是家小工厂。炎炎夏天，工人在炽热的铁板上加工制作产品。大家汗流浃背，却努力工作，好不容易制出了产品，依照正常的利润计算方法应当是每件 XX 元承购。"对手一直盯着他的脸，听他叙述。听完之后开怀大笑说："卖方在讨价还价的时候，总会说出种种不同的话，但你说得很不一样，句句都在情理之上。好吧，我就照你说的买下来好了。"

松下幸之助的成功，在于他的话出自衷情，说到了对方心窝里。他描绘了工人劳作的艰辛，创业的艰难，劳动的不易，语言朴素、形象、生动，语气真挚、自然，唤起了对方切肤之感和深切同情。正如对方所说的，松下幸之助的话"句句都在情理之上"，对方接受也在情理之中，这样的说话一字一句就如滋润万物的甘露，点点滴入对方的心田。

把话说进对方心窝里，还有一种就是迎合对方的心思，顾全对方的面子，从而达到说服对方、感动对方的目的。

所谓迎合，其诀窍就是迎合他的兴趣，谈论他最为喜欢的事情。因为每个人都有自己感兴趣的东西，比如有的人喜欢篮球，有的人喜欢军事，有的人喜欢音乐，有的人对书法绘画感兴趣，有的人对烹调食物感兴趣，有的人对神秘现象着迷，等等。总之每个人都有一项或是多项的兴趣，会说话的人为了目的的达到，在说服他人的时候一定要懂得迎合别人的兴趣。

小袁是一家房地产公司总裁的公关助理，奉命聘请一位特别著名的园林设计师为本公司的一个大型园林项目做设计顾问。但这位设计师已退休在家多年，且此人性情清高孤傲，一般人很难请得动他。为了博得老设计师的欢心，小袁事先做了一番调查，她了解到老设计师平时喜欢作画，便花了几天时间读了几本中国美术方面的书籍。她来到老设计师家中，刚开始，老设计师对她态度很冷淡，小袁就装作不经意地发现老设计师的画案上放着一幅刚画完的国画，便边欣赏边赞叹道："老先生的这幅丹青，景象新奇意境宏深，真是好画啊！"一番话使老先生升腾起愉悦感和自豪感。

接着小袁又说："老先生您是学清代山水名家石涛的风格吧？"这样就进一步激发了老设计师的谈话兴趣。果然他的态度转变了，话也多了起来。接着小袁对所谈话题着意挖掘，环环相扣，使两人的感情越来越近。终于，小袁说服了老设计师出任设计顾问。

小袁如果直言相请，老设计师肯定不会轻易答应，会说话的小袁懂得说话的技巧，他舍近求远，绕了一个弯子，终于争取到一个机会把话说到了老设计师的心窝里，这样才让老设计师动了心。

平时，在工作和生活中，我们确实能够打开对方的心扉，把话说进对方的心窝里，但也不是净说心里话或迎合的话就能奏效，我们应在说话时多加注意，区别对待。曾有一位激励大师给过我们几条珍贵的建议：

1. 不妨说说寒暄的话

寒暄问候在很多时候都是有必要的，一句令他人喜欢的轻松话语既能拉近距离，又能渐渐引入话题，这样我们就能在不经意的时候与对方进行有效沟通，既增进亲和力又解决实际问题，不至于显得目的性过强，给客我之间的交流带来心理隔膜。

2. 多说赞美的话

赞美不是虚情假意的奉承，也不是虚伪空洞的说辞，它是对对方交谈中的可爱之处恰如其分的表达，对对方经营中的可敬之处实实在在的肯定，对对方生活中的可学之处真情实意的称赞。尤其是在拜访中，我们应该用心倾听、用心观察，善于发现对方的可赞之处，多说赞美之词。

3. 慎说承诺的话

"言必信，行必果"，健康的人格最重要的就是诚信，任何时候任何情况下都不能把诚信抛在脑后，要一诺千金。既然承诺了他人，就要不折不扣地去实现，对于无法兑现的诺言不要轻易点头，要慎下承诺。

4. 不说埋怨的话

在这个社会上，金无足赤，人无完人，他人怎么说怎么做自有他的道理，有些时候的说法和做法可能不尽人意，或许是因为一时的疏忽或其他原因带来一些问题，埋怨和指责只会让问题变得更糟，此时应该静下心来细心分析问题和原因，寻找解决办法，避免类似问题重现。

话不在多，而在恰当

在西方，有一句很流行的名谚语："上帝之所以给人一个嘴巴，两只耳朵，就是要人多听少说。"这句谚语对我们中国人来说，同样很适用，对那些信口开河的人来说，更是一个警醒。如果要用我们自己的话来概括这句西方谚语的话，那就是：话不在多，而在恰当。

人们都说有好人缘不容易，为什么不容易呢？因为在这个世界上，有正人君子，也有奸猾小人，我们时常要提防奸猾小人的算计；在人生的征途上，既有坦途，也有暗礁，我们也得学会避开暗礁。在这样复杂的社会环境下，你想想，如果不注意说话的分寸，是不是容易招惹事是非，授人以柄，甚至祸从口出？

古时候，有个小国使者到大国，进贡了 3 个一模一样的金人，金光灿灿。不过这小国的使者出了一道题目，让大国的人做：这 3 个金人哪个最有价值？皇帝想了许多的办法，请来珠宝匠检查，称重量、看做工，都是一模一样的。怎么办？使者还等着回去汇报呢，泱泱大国，不会连这个小问题都回答不出吧？

最后，有一位退职的老臣说他有办法。皇帝将使者请到大殿，老臣胸有成竹地拿 3 根稻草，插入第一个金人的耳朵里，这稻草从另一边耳朵出来了，第二个金人的稻草从嘴巴里掉出来，而第三个金人，稻草进去后掉进了肚子里。老臣说："第三个金人最有价值！"

使者听到老臣的话，默然无语，只得承认答案正确。

人长两只耳朵一个嘴巴的用意，无非是多听少说。少说才能沉稳，少说才不至于惹火上身。再说，古人还说过这样一句话："逢人只说三分话"，还有七分话不必对人说出。表面看这句话似乎让人觉得不太光明磊落，其实并非如此，它是教你尽量少说话，说恰当的话，免得祸从口出，招惹是非。

你不妨观察一下自己的周围人群，那些活得好的人，交际广的人，往往会逢人只说三分话。他们这样做并不是不诚实，而是他们都懂得，与人相处，必须先认清对方是什么样的人，如果对方并不是可以无话不说的人，那么你只说三分话，就已经够多了。

1956年，苏联和美国的最高领导人举行了一次谈判。在谈判桌上，赫鲁晓夫总是自认为比艾森豪威尔聪明，结果闹出了不少笑话。

为什么赫鲁晓夫会认为艾森豪威尔不够聪明呢？因为，在谈判的时候，无论赫鲁晓夫提出什么问题，艾森豪威尔都表现得稀里糊涂，总是先看看他的国务卿杜勒斯，等杜勒斯递过条子后，他才开始慢条斯理地回答。所以赫鲁晓夫就认为艾森豪威尔智力很低，而认为自己作为苏联领袖，当然知道任何问题的答案，不用求助他人。

在谈判快要结束时，赫鲁晓夫又忍不住当场讥讽艾森豪威尔："美国谁是最高领袖？是艾森豪威尔还是杜勒斯？"

不明就里的人可能都会认为，赫鲁晓夫聪明、博学，谈话滔滔不绝；而艾森豪威尔却显得犹豫、迟钝，缺乏一种领袖气概。但事实却正好相反，有眼光的人都能看得出来：艾森豪威尔在谈判中谨言慎行，能够及时赢得助手的帮助，从而避免出错。而赫鲁晓夫刚愎自用，闹出了诸如用鞋子敲桌子等笑话。

在我们中国历史上，同样有许多像赫鲁晓夫一样不懂得谨言慎行的人，他们说话张口就来，从不考虑恰不恰当，因此这些人在为人处世方面受到了很大的损失，甚至有人还蒙受了灾祸。究其原因，归根到底莫过于说话太多，说话不当。

隋朝有一名大将叫贺若弼，他的父亲贺若敦是南北朝时期晋的大将，由于说话太多，得罪了晋公宇文护而丢掉了性命。他父亲临死时，用锥子刺破了贺若弼的舌头，意思是告诫自己的儿子贺若弼：要牢牢记住这血的教训。

然而，贺若弼并没有遵循父训，在他后来做了隋朝的大将军后，就忘记了父亲的教训，常常为自己的官位比他人低而怨声不断，自认为当个宰相也是应该的。一段时间后，他发现许多方面都不如自己的杨素竟然做了尚书右仆射，而他仍然只是将军。正是这种未被提拔的怨气，使他产生了不满的情绪，那些怨言也就常常不论场合地随口而出。

有一天，这种怨言怨语不幸传到了皇帝耳朵里，贺若弼便被逮捕入狱。隋文帝杨坚是这样责备他的："你这个人有三太猛：嫉妒心太猛；自以为是，自以为别人不是心太猛；随口胡说，目无长官的心太猛。"他虽然凭借自己的功劳在不久被放了，但他的处境可想而知。

父子两代人，都是因言多而坏事，父亲丢了性命，儿子也被贬为庶民。由此看来，我们在说话时一定要切记那些不该讲的话，以免招致辞不必要的祸端。虽然在新社会里不可能像贺家父子一样性命难保，但一些不该说的话若说出来，同样会让你的工作遭受挫折和失败，让你的人生难以顺利。

美国的艺术家安迪渥荷曾经对他的朋友说："我学会闭上嘴巴后，获得了更多的威望和影响力。"名人如此，普通人也如此，那些大智若愚的人，那些有学问的人，通常都不会胡乱讲话的，只有那些胸无点墨且爱慕虚荣的人才喜欢信口开河。曾经有人这样说过："宁可把嘴巴闭起来，使人怀疑你浅薄，也不要一开口就让人证实你的浅薄。"这句话值得我们每一个人牢记在心。

当然，话不在多，并不是不能说话，或不说话。少说话虽然是一种美德，但在人们的生活中，只能"少说"而不能完全不说。既要说话，又要说得精短巧妙，恰如其分，这便是说话的艺术，更是有好人缘的一门"技术活"。

总之，会说话是一种本事。所谓一字千金，一言九鼎，话说得好不好，不在乎多，关键是要说得恰当，说得有价值。该说话的时候，我们也不能缄口不言。比如：

为受窘的人说一句解围的话。有些人处在尴尬得不知如何下台的窘境时，及时帮他说一句解围的话，就像雪中送炭，使人温暖。

为沮丧的人说一句鼓励的话。遇到因受挫而心情沮丧的人，给他一些鼓励，一些鼓舞信心的话，会让人生发信心。

为疑惑的人说一句点醒的话。荀子说："赠人以言，重于金石珠玉。"遇到徘徊在人生路口的人、对生命有疑惑的人，及时一句话点醒，可以改变他一生。

为无助的人说一句支持的话。无助的人信心不足，经常生活在别人的善恶语言中，一句话可以决定他的心情好坏。面对无助的人应该多讲给予支持的话。

说出的话要让人感兴趣

感兴趣，用俗话说就是有意思，一个人讲话如果让人觉得真有意思，至少他的话没有白说，不是废话。我们先看这样一个例子：

"四年辛苦不寻常，课桌前，砚湖旁……一次次忧心上考场，几回回兴奋下课堂。偶有短路走迷途，撞了南墙，受了轻伤，苦涩独自尝。更有执着求真知，咽了怨气，灭了彷徨，'双证'装行囊……"

这不是一般的打油诗，而是成都理工大学文法学院院长陈俊明 2009 年毕业演讲的开篇，他的开场白刚落音，一时掌声雷动……

为什么陈院长的演讲能获得如此的好效果，因为他摒弃了枯燥乏味的陈词滥调，而选择了让人感兴趣的话题。

要做到说话让人感兴趣，主要在话题的"新、奇、特"三方面下功夫。

话题要新，要言人所未言，要创新，当然也要善于旧话题"翻新"。

创新是现在出现频率非常高的一个词语，说话也要创新。如果有了新话题，你就站在了一个与众不同的领地，你讲的是他人所没有的，你就紧紧抓住了听者，这就使你的话拥有了听者和听者的关注，这便确立了你被注意的中心位置，受欢迎几乎是必然的。但是，在今天，似乎大多数的话都是被别人说过了的，要想说出一些人所未言的话似乎难度很大，这就要求我们在说话的时候要善于寻求新的角度来说。同样的话题，你如果有了新的角度，你就具有了出其不意的优势，使听者有意料之外情理之中的感觉，这使得你的话有别于他人而让人感兴趣。

奇就是新奇、奇特、出人所料。

曾经有一位画家做过一次精彩的"演讲"，他的"演讲"奇就奇在不是用语言，而是用手指：

指画大师龚乃昌先生以"指"蘸墨，巧妙运用手掌及手指为笔，以历史及当代名人入画，莫不惟妙惟肖。诸如香消玉殒的虞姬、行至末路的英雄项羽、愁肠百结的屈原，甚或端丽雍容的戴安娜王妃，都栩栩如生地出现在他的画作之中。其独特的"指画"墨韵和魅力，在其作品中淋漓尽致的体现中国国画传统知黑守白之意韵，其指在宣纸上或轻或重，或按或顿，时而长线直舒，时而短线提按，无论是人物或动物在龚乃昌大师的指中无不惟妙惟肖的体现而令人惊叹。

在安徽 IT 圈，合肥三艾是个很有影响力的公司，其从代理精英单一品牌发展到如今拥有多种拳头产品的安徽总代理，其老总彭颖可以说是功不可没。说起彭颖，熟悉他的都一致认为其为人豪爽，做事痛快。而在此次 IT 英雄会中，彭总更是充分展示其充满个性的豪爽。在此次英雄会中，本来安排了彭总的现场演讲。不过让人非常"意外"的是，彭总上台后的第一句话是"演讲就不必了，直接抽奖吧"。引起了现场的一阵大笑，不过笑场归笑场，来宾们都纷纷折服于彭总的豪爽个性。在抽奖过程中，穿插了一个小插曲，可能是因为部分来宾没有在场的缘故，彭总抽了三张都没有人领奖，不过最后还是抽到了获奖者。从彭总的POSE 可以看出，彭总是一个很重视产品宣传的人，相当的厉害，虽然他没有进行演讲，但是可以看出宣传效果比演讲还要好。

　　特就是特别、有个性，这是说好话的一个最重要方面。

　　所谓个性就是个别性、个人性，就是一个人在思想、性格、品质、意志、情感、态度等方面不同于其他人的特质，这个特质表现于外就是他的言语方式、行为方式和情感方式，等等。任何人都是有个性的，也只能是一种个性化的存在，个性化是人的存在方式。白岩松就是中国一位颇有个性的主持人，他的话更具个性，2009年3月30日，他随央视摄制组赴美国拍摄专题片《岩松看美国》，在耶鲁大学发表了题为《我的故事以及背后的中国梦》的著名演讲，以自己出生的年份1968年作为开始，讲述了1968年、1978年、1988年、1998年、2008年五个年份的故事，讲述了自己如何从一个边远小城的绝望孩子，成长为见证无数重要时刻的新闻人，并以个人命运为线索折射了四十年中美关系发生的深刻变化。白岩松的演讲语言很特别、很幽默，现摘录其中一段，让我们一起来品尝其"特别之味"：

　　……我要讲五个年份，第一要讲的年份是1968年。那一年我出生了。（众笑）但是那一年世界非常乱，在法国有巨大的街头的骚乱……在美国也有，然后美国的总统肯尼迪遇刺了……但是的确这一切的原因都与我无关。（哄堂大笑）但是那一年我们更应该记住的是马丁·路德·金先生遇刺，虽然那一年他倒下了，但是"我有一个梦想"的这句话却真正地站了起来，不仅在美国站起来，也在全世界站起来。但是当时很遗憾，不仅仅是我，几乎很多的中国人并不知道这个梦想，因为当时中国人，每一个个人很难说拥有自己的梦想。因为梦想变成了一个国家的梦想甚至是领袖的一个梦想。中国与美国的距离非常遥远，不亚于月亮与地球之间的距离。但是我并不关心这一切，我只关心我是否可以吃饱。因为我刚出生两个月就跟随父母被关进了特有的一种牛

棚。因此我的爷爷为了给我送进牛奶吃要跟看守进行非常激烈的搏斗。（众笑）

很显然，我的出生非常不是时候，不仅对于当时的中国来说，对于世界来说，似乎都有些问题。（众笑）1978 年，十年之后。我十岁，我依然生活在我出生的地方，那个只有二十万人的，你要知道，在中国的话它是一个非常非常小的城市里。它离北京的距离有两千公里，它要想了解北京出的报纸的话，要在三天之后才能看见，所以对于我们来说，是不存在新闻这个说法。（众笑）那一年我的爷爷去世了，而在两年前的时候我的父亲去世了，所以只剩下我母亲一个人要抚养我们哥儿俩，她一个月的工资不到十美元。因此即使十岁了，梦想这个词对我来说，依然是一个非常陌生的词汇，我从来不会去想它。我母亲一直到现在也没有建立新的婚姻，是她一个人把我们哥俩抚养大。我看不到这个家庭的希望，只是会感觉，那个时候的每一个冬天都很寒冷，因为我所生活的那个城市离苏联更近。（众笑）

……

白岩松就是用这种独特有趣的语言，讲述了自己在生命的每一阶段都做着不同的梦，并为此去努力，直到实现梦想。这就是他独特的话，独特的话自然让人兴趣很高。

坚持不说或少说废话

要想把话说到点子，坚持不说或少说废话是很重要的一条。

春秋时的子禽，问他的老师墨子："先生，多说话到底有没有好处？"墨子回答说："话要是说得太多，好比池塘里的青蛙，整天整夜地叫，弄得嘴干舌燥，却从来没有人去注意它，这有什么益处？但是，公鸡只是在天亮时叫几声，人们就知道亮了，都很留意它。所以说话不在多，而是要说有用的话，不说废话。"

什么是废语？古人曾讲：君子一言，驷马难追，是说说出来的话不容易收回，所以说话要谨慎；古人还讲：言必出，行必果，是说说出来的话要兑现，不能是空口说白话。从古人这两句话里足可以看出言语需要多么谨慎，同时还可看出，既然说了就要付诸行动，来证明言之凿凿。话，你可以一吐为快，可是事你却没有去做，那就是废话。简而概之，"废话"就是：不能说、不必说的话，说出来了。

那么，哪些话是不能说的呢？

其实很多时候，人总是管不住自己的一张嘴。无论你心直口快也罢，或是你童言无忌也好，但你说了不能说、不该说的话，就可能打破祥和宁静的磁场，导致损人不利己的结果，你就应为你说的话负责。

不能说不是不会说，不能说是能说但不要说的状态。无论是你是管理者还是执行者；无论你是学者还是学生；无论你是国家干部的人还是普通民众；说该说的，说在你职权或能力范围内的话。我国法律有对"诽谤"和"泄密"等管不住嘴的制裁，就是因为你说了不能说、不该说的话。

哪些又是不必说的呢？

有一句俗话这样说：看透不说透，才是好朋友。所以在很多时候，大家都心知肚明，心照不宣，不必"一语道破天机"。你如果忍不住想说，想说出来使自己一鸣惊人，则是极其错误的，因为其结果可能是害人害己，也误人误己而已。因此，不必说的话就一定不要说，无论什么场合，无论你面对的是什么人，只能打破牙往肚里咽，再苦再痛也得承受。

知道不能说的话而不说，这似乎容易做到，但那些不必说的话要忍住不说就有一定难度。因为，不必说是知道而不要说，必须管住自己的嘴巴，既是一种很高的学问，更是一门艺术。常言道：祸从口出，病从口入。古往今来，因为言之不慎，招来杀身之祸的案例比比皆是。这些教训很深刻，我们务必记住：人活在这个社会上，有很多时候，有很多事情，是无须说明白的，你知我知天知地知就可以了，该知道的都知道了，不该知道就不必问，更不必说。

所以说，不要说"废话"对我们每一个人都很重要。只要平时勤加思考和历练，言简意赅，条理清楚，不必赘言，更不要词不达意、长篇大论。平时多看看新闻，多听听那些国家领导人的发言，他们的话语大都言简意赅，你很难找出一句废话，而且每句话都是经过缜密的推敲，富含丰富的寓意和内涵，给人深思和研究，很值得我们学习和借鉴。

说好话才能有好人缘，说好话才能闯世界，怎样说好话？其实应从细节着手，细节就是先从"会说话，不说废话"开始。不说废话，你的话才能说到点子上，不说废话，你才能提高你的办事效率，不说废话，你才能提升你的绩效和竞争力。

　　怎样才能做到不说或少说废话？有人总结出下面几点，值得我们重视：

　　首先，对于人与人的交谈，要明确谈话的内容，和中心思想，抓住重点；

　　其次，不管什么事，别急着说，把你要说的在脑海过滤一遍，看看自己的话是否符合谈话的主题，是否有必要说；

　　最后，在交谈中，如有一些可说可不说的话，则不要说。说该说的，无关紧要的压下来，咽回去。养成不轻易开口的习惯，力争做到惜字如金。

　　只有这样，经常性地进行话语过滤训练，你说的话自然就会有分量，话语中也就会逐渐减少直至没有废话了。

说中肯的话——言之有理

话语中肯，就是要说实话，要客观地说话，而不能一厢情愿地从主观出发；言之有理，这个"理"不是歪理，理是道理的理，也就是说话需要讲道理，话中有理才能让人信服，话中有理才实在，才经得起推敲。

要说得有道理，首先，你说的话必需契合事物自身规则。古人说："话说多，不如少，唯其是，勿佞巧"，这个"勿佞巧"，就是告诉我们说话要实实在在，不要玩虚伪的一套。我们谈话的内容，要做到知则言，不知则听，如对方需要你表达，也应该谦虚地说明知道的不多，关于不懂之处当讨教或不谈。这样一来，你就会在别人心中树立谦虚勤学的印象，并且不易表露出自己某方面欠缺的问题。其次，要说得有道理，话语必须有现实的根据。比如，当我们借用某种事理去说服别人时，除了引用某些必要的书本理论外，最好可以列举一些真实可托的实例，就好像你做事时满头大汗，人家看见你的汗水就会信赖你踏实可靠。你如果对人总讲那些大道理，那些道听途说的空论，或者耸人听闻的诳言，很可能会让人家哈欠连天，对你的说话了无兴趣。

也许你曾羡慕别人站在万人讲坛或辩论场上滔滔不绝地演说，或是进行激烈的唇枪舌剑，再看看现实中的自己，却好像总是笨嘴拙舌，老是讲错话。其实，你如果懂得努力让自己的话客观一些，道理充足一些，也许你根本不会比那站在讲坛上的雄辩家逊色。

无论是与同事和上司交流，言辞一定要中肯，道理也要讲出来。特别是在切入正题之后，一些人总是喜欢使用一些烦冗的托词，例如："我原来只是认为……""我们也许可以……"这就使得表达效果大打折扣。要知道，谦虚不过是粉饰之物，这样做的结果只会是大家继续讨论——不知不觉已没有了你的份儿。

要想改掉这些不恰当的言辞，使自己的话占理，有分量，其实并不难，法则就是——让你的讲话听上去更有力。斯图加特修辞训练学家及作家 Zngo Vogel 说，"语言就像一个人的名片，你完全可以通过言辞来伸张你的个性，使自己变得与众不同。"

一个人的头脑中或许有成千上万的词汇，但要如何来唤醒这些词汇，使它们成为我们谈话的资本，这就需要训练。因为只有懂得有意识地巧妙运用这些言辞，并避免讲那些毫无意义而空洞的话，才不会让自己变得很被动，而是应付自如地表达出自己想要表达的东西。要做到这一点，可以参考下列的重要法则：

不要说"但是"，而要说"而且"

比如你很赞成某个人的想法，你可能会说："这个想法很好，但是你必须……"本来你是很赞赏这个人的想法的，只是想帮他更完善一些，但经过你这样子一说，这种认可就大打折扣了。你完全可以说出一个比较具体的希望来表达你的赞赏和建议，比如说："我觉得这个建议很好，而且，如果在这里再稍微改动一下的话，也许会更好……"

不要再说"老实说"

在平时的交往中，特别是在职场上，常常会在一些会议上讨论某个问题。如果轮到你发言，你可能会这样说："老实说，我觉得……"在别人看来，你好像在特别强调你的诚意。你当然是非常有诚意的，可是干吗还要特别强调一下呢？所以你最好说："我觉得，我们应该……"把"老实说"三个字去掉，这样更显出你的中肯。

不要说"首先"，而要说"已经"

假设你要向某老板汇报一项工程的进展情况。你跟老板这样讲道："我必须得首先熟悉一下这项工作。"扪心想想看吧，你这样的话可能会使老板（包括你自己）觉得，你还有很多事需要做，却绝不会觉得你已经做完了一些事情。这样的讲话态度，会给人一种很悲观的感觉，而绝不是乐观。所以建议你最好是这样说："是的，我已经相当熟悉这项工作了。"

不要说"仅仅"

如果你有一条自认为很不错的建议，想在某个重要会议上提出来，你认真阐述完这个建议后还这样补充说："这仅仅是我的一个建议。"请注意，你这样说是绝对不理想的。因为这样一来，你的想法、功劳包括你自己的价值都会大大贬值。你这个建议本来特别有创意，但经过你一说，大家反而会感觉到你的自信心不够。最好直截了当地这样说："这就是我的建议。"

不要说"务必……"，而要说"请您……"

社会是一个大的集体，你在这个社会上活就必然要与大家打交道，有时候有些事你必须要与邻居呀熟人呀合作，这时候，你如果自高自大，用这样的语气跟人家说："你们务必再考虑一下……"这样的口气恐怕很难让人接受，因为现在的人都有较大的生存压力，你这样一说反而会给别人施压，他们就会产生逆反心理，不愿与你合作。但如果反过来呢，谁会去拒绝一个友好而礼貌的请求呢？所以最好这样说："请您考虑一下……"

要做到话语中肯，言之有理，除了以上种种要注意外，还有不少细节也要注意。比如有分量的话并不是高门大嗓说出来的，有理不在声高嘛，所以我们任何时候说话口气都不要太强硬，随时随地都要记得讲道理，以理服人。

说切合实际的话——言之有据

要说好话，必须切合客观实际，有针对性地讲，不能背离社会现实，背离自然规律和法制法规，只有这样才能做到切合实际，言之有据。

比如，你如果是某医院护理临床医生，要给许多艾滋病患者提供咨询服务，你开始一定不知道对得了绝症的人要怎样说话才合适，也不知道说什么才好。你如果对他们说些："别担心，过一下就会好的"之类的话，明知这些话并不真实，而病人自己也知道。这是极不切合实际的。那么，你应该怎样说呢？

你应说："你觉得怎样？"或者说："有什么我可以帮忙的吗？"这些永远都是得体的话。要让病人知道你关心他，知道有需要时你愿意帮忙。不要害怕和他接触。拍拍他的手或是搂他一下，可能比说话更有安慰作用。

所以说，说话一定要做到切合实际，不要见到女孩子就说人家是美女，说人家长得漂亮，人家美不美、漂不漂亮只有人家自己心里才最清楚。

当你想赞美一个人时，首先要引出对方更多的话题，看出对方希望怎样的赞美，然后再说出切合实际的话。也就是说，你的赞美要能满足对方的心理需要。当你赞美了对方后，对方表现出满意的态度时，记得不要就此结束，应适当改变表达方式，再三地赞美同一点。总之，任何赞美的话都一定要切合实际。比如，主人喜欢养金鱼，你应该试着去欣赏那些鱼的美丽；主人爱养花，你应该去赞美他所养的花草。赞美别人最近取得的工作成绩，赞美别人心爱的宠物，要比说上无数空泛的客气话要有效得多。

特别关注别人的某一件事物，一定能使人在欣喜之余还觉得感激。士为知己者死，女为悦己者容。钟子期死时，伯牙不再鼓琴，其感恩知己至如此者，其原因不外乎子期能懂得并欣赏他的琴声，并能给予他恰如其分的赞美而已。

有一个男孩，长得很像某位电影明星。当他和朋友一起出来玩时，首次见到他的人总是说他和某个明星长得很像。通常被认为与某个名演员很像，大多不会生气，但这位老兄听着心里就是不舒服。

也许朋友们在说这半句奉承、半开玩笑的话时，并没有特别的含义。但是，事实上这种赞美的方法实在不怎么高明，因为那位电影明星专演冷酷反派的人物，因此别人说他们相像，虽然是赞美，却也等于在指责他的缺点。

由此可见，切合实际对于说话十分重要。男孩自认为是缺点的事，却被别人拿来"夸赞"，当时让他有些难以接受。因此，在没有弄清楚对方的喜好前，最好不要随便就使用你的赞誉之词，免得弄巧成拙。

所谓切合实际，就不是空洞的说教，当然要有据可依。这个"据"就是材料，就是事例，还有经典性的理论依据，但这些"据"之间都有侧重点，我们说话时要善于运用这些"据"，正确把握材料的中心，努力做到与观点的一致。

因此，言之有据，这个"据"的选择、筛选很重要，不能不合实际地乱用。我们不妨看下面三段话：

1. 爱国诗人陆游，生活在宋王朝遭受外族肢解的时代，他渴望祖国统一，直到临终，还念念不忘复兴中原。他在《示儿》

诗中云："王师北定中原日，家祭无忘告乃翁。"突出地反映了这种爱国思想。

2. "人生自古谁无死，留取丹心照汗青。"这是文天祥《过零丁洋》中的名句。文天祥被俘后，已降元军的张弘范，一再逼迫他写信招降抗元将领张世杰，文天祥便毅然写了这首诗作了回答，表现了坚定的民族气节和崇高的精神境界。

3. 鲁迅先生为了国家的富强、民族的振兴，年轻时东渡日本寻找救国的真理，"寄意寒星荃不察，我以我血荐轩辕"，表达了誓为中国人民献身的革命精神。

上述三例都引述了人物的诗作作为依据，都包含了"爱国"的内容，但是作为"据"来说，这三个材料蕴含的主旨是有着细微差别的：例1表明的是渴望光复失地的爱国思想；例2反映的是为民族利益不惜牺牲生命的崇高的民族气节；例3揭示的是立志为国出力、报效祖国的革命献身精神。这种差别从所引的诗句和材料的语言表述中可辨析出来。因此，我们在讲话时，如果都要表述爱国的思想，但也应所区别，比如你侧重于渴望收复被侵略者掠夺的国土，应用例1；若你侧重于不怕牺牲、誓死捍卫祖国，应用例2；若侧重于拯救多难的祖国，将个人的前途同祖国的命运紧紧连在一起，则应用例3。这样说出来不仅言之有据，而且也很切合实际，既贴切又严密。

切合实际和言之有据是相辅相成的，言之有据的话往往切合实际。

说话把握分寸——言之有度

俗话说："看菜吃饭，量体裁衣"。我们平常说话也一样，要根据各种人的地位、身份、文化程度、语言习惯等来作不同的处理，把握好分寸，留有余地。赞扬不要过分，谦虚也应适当。

古时候有一则笑话，说一个人过分谦虚。有人到他家夸他家的花瓶漂亮，他说不过是一个粗瓶；又有人赞他衣服好，他又说不过是一件粗衣。当客人对月饮酒，道："好一轮明月。"他忙拱手说："不敢，不敢，不过是我家一轮粗月。"这种谦虚便近乎迂腐，以致令人觉得不真诚。

科学史上曾记载这样一件事：

一个年轻人想到大发明家爱迪生的实验室里工作，爱迪生接见了他。这个年轻人为表示自己的雄心壮志，说："我一定会发明出一种万能溶液，它可以溶解一切物品。"爱迪生便问他："那么你想用什么器皿来放这种万能溶液呢？它不是可以溶解一切吗？"年轻人正是把话说绝了，陷入了自相矛盾的境地。如果把"一切"换为"大部分"，爱迪生便不会反诘他了。

在电视里，我们经常可以听到这样一句广告词：没有最好，只有更好。这里它用了"没有""最好"，又用了"更"，烘托出该产品精益求精的品质，展现了该企业不断进取，勇于开拓的良好形象，不失为一条"绝妙"的广告词，比如今的"极品""世界一流"真实，有力度。

可见，"话多不如话少，话少不如话好"，既然这样，我们说话就一定要把握好分寸，不能胡说一通。

　　语言学家拉克夫曾指出简单的三原则，使人们的说话更"文雅""不要咄咄逼人""让别人也有说话机会""让人觉得友善"。话多的人，常求发言而后快，不考虑听者的感受，也不让他人有讲话的机会，所以容易"招怨"。其实，话讲得最多的人，多半是讲自己的私事，或东家长西家短，他们根本不知道要把握分寸，说话多反而过犹不及的道理。因此，在很多时候我们要管住自己的嘴巴，学会忍痛割爱。

　　什么叫"忍痛割爱"？新华词典里是这样解释的：忍着内心的痛苦，放弃心爱的东西。指不是出自本意忍痛地放弃心爱的东西。

　　那么，说话也需要"忍痛割爱"吗？回答是肯定的。我们先看一位音乐人是怎样理解"忍痛割爱"的，这种理解对于怎样说好话同样具有启示意义。

　　编《赵钱孙李》的编导说：舞蹈史上有一句让音乐家们感到无比安慰和温暖的名言："音乐是舞蹈的灵魂"。《赵钱孙李》原有一段极有戏曲味、很华美的音乐，初听的时候很有感觉很喜欢，爱不释手。音乐很"宽"，这种宽，美则美，编舞时却在这音乐中找不到动作，或者说在这华美里孩子要有的灵气遁形了。虽然音乐"宽"，动作可以细密，但那段"宽"的音乐，如果用密集的动作去表现它，编出来的动作和音乐便成了血是血，肉是肉，无法相连。我把面临的困惑告诉作曲的老师，他考虑后，认为我对，于是我们一起忍痛割爱，把这段音乐舍弃了。

　　原来想在《赵钱孙李》的扇子上吊个坠子，像长剑吊的那种，长长的，可以甩。坠子在舞蹈前面是扎起极短的，到舞蹈结束前三十秒甩出来，扇子合起，满台是飞舞的长坠，配激越的锣鼓点，到最后，音乐停，十六把扇面再刷一下打开———我还在为自己想出这个长坠以及最后这个画面激动时，因为舞蹈改了风格，"议论文"改成了"记叙文"，这个"满台飞舞的长坠"也忍痛割爱了。

从上面这段文字里可体会出，无论做事还是说话，我们都要学会"忍痛割爱"，该留的留，不该留的一律舍弃，不能含糊。一个人在讲话时，如果像打开的水龙头一样，任凭它流个不停，则听他说话的人的注意力就无法集中，或许根本不会去认真听。

说话和演讲是师出一门，同一个理，都要有实在的口才。据许多资深演讲家说，要学会演讲，首先而且必须学会忍痛割爱，也就是说，要懂得把握分寸地说话，言之有度。

远离虚伪，避免假谦虚

谦虚，是我们中华的优良传统美德，是值得倡导的，然而，有的人在"某些时刻"却使其变得充满了伪善的气息！该谦虚时是应该谦虚的，但没必要谦虚的时候，那又何必假谦虚呢？我们每一个人，在适当时候展现自己才华的能力，并不是错误，如果隐瞒自己的真才实学，反倒变成了故作卖弄。

因此，有些时候，我们在提倡"谦虚"的同时，也要记得在另外一些时候该实话实说！

相比于西方人，我们中国人显得一个个很谦虚，所谓"谋事而后动"，讲究"后发制人"。不像西方人，遇事争相表现，争相说"我能行"，唯恐那个事情被人"抢"了去。历史上最著名的就是青梅煮酒论英雄。当时曹操非要说刘备是英雄，刘备则吓得筷子都拿不稳。很明显，刘备是假谦虚。

我们讲究谦虚，本来没什么不好，但谦虚过了度就变成虚伪了，这种过度的谦虚，如果分析其实质，一是缺乏自信，二是怕丢了面子，所以，很多人都假谦虚起来，逢人就说："承让""请指教""我们是来学习的"之类的谦虚之言，这类话语随处可闻。但这样的假谦虚，往往让人少了一份磊落，给人不坦诚的感觉。

其实，假谦虚是很不应该的，于人于己都无利。有一句古话叫：扬己之长，避己之短。你在某一方面有长处，不在领导面前表现之，他怎么会发现呢？领导一般"日理万机"，等发现谦虚的你确实有某方面的才能时，可能许多职位已被善于表现的人"抢了风头"，"霸占"了职位。在这一方面，中国人应该跟西方人学，学习他们"敢为天下先"的精神，"我能行"，代表着一种气魄，一种能力。

明明行而"退避三舍"，这样的人太虚伪，一般没有发展前途，可惜的是这种人还自以为聪明。这种人若在职场中害己又害人：害得自己错失职位，害得领导频繁招人。

在网上看过一篇文章，题目叫"谦虚是一种恶"，写得很好，其观点发人深省。谦虚虽说不上是大恶，但最起码不是实事求是的态度，是一种另类意义上的"虚伪"，骄傲当然不值得提倡，但虚伪的假谦虚，同样不值得效仿。

"谦虚使人进步，骄傲使人落后"，这里面的"谦虚"是真谦虚，真谦虚是不会错的。比如某个问题你不会时，不懂时，不要"不懂装懂"，孔子说"三人行，必有我师"，不懂就得问，就得听别人说。这种"谦虚"，既在高人的满足中学了知识，又迎合了对方乐于表现自己的愿望，实在是一种人生的智慧。总之，会的就要积极表现，不会的就要"谦虚"学习，既要善于提升个人能力，又要善于表现个人能力，便是有好人缘最正确的态度。

但假谦虚就是一种虚伪，是一种劣根性。是好就得承认好，就得夸一夸，是不好就得批一批，为什么要假谦虚呢？

某偏远的古城里，有一座寺庙，由于离城市比较远，所以来祭拜的人自然不多，寺庙里的经费十分紧张。又到了一年中最冷的冬天了，某一天，在禅房念经的小和尚快要冻僵了。冻得发昏的他隐约看到一尊金佛，佛说："让我来帮助你吧！"便转身走了。清醒后的小和尚面对深色的那樽木佛出神，最终他还是将木佛劈开，生火暖了整间房子。

过了一段时间，方丈知道后，为此要责怪小和尚，小和尚回答："佛本应普度众生，若我活活冻死在他的面前，岂不辜负佛的本意?"

方丈不再说话，会心点点头……

寺庙里少了一樽木佛，并没有消减人们心中对佛的敬仰，佛本在心中。小和尚摒弃虚伪的意念，悟得佛之道，生命之道。人活着就是为了生存，佛也是帮助人生存，又何必假虔诚，放弃活生生的生命，而保留那樽无生命的佛像呢?

人生在世，无论你有多少财富，无论你有多高的社会地位，请你不要戴上那张虚伪的面具，坦然自若地行走人间。该谦虚的时候谦虚，不该谦虚的时候，就自信地、大胆地表白吧。

第三章　有好人缘也需要嘴巴甜

　　同样的一句话，关键要看我们怎么说出来。我们事业的成功与失败，人际关系的亲疏，都与口才有很大的关系。由此可见，具有高超的说话水平，能使你的人脉畅通，关系融洽，甚至还能化敌为友，总之，它是一个人想在社会上活得有头有脸的最快捷、最有效的手段，也是一个人最高级的"化妆品"。

赞美是有好人缘的金钥匙

美国钢铁大王卡内基，在1921年以100万美元的超高年薪聘请夏布出任CEO。许多记者问卡内基为什么是他？卡内基说："他最会赞美别人，这是他最值钱的本事。"卡内基为自己写的墓志铭是这样的："这里躺着一个人，他懂得如何让比他聪明的人更开心。"可见，赞美在社会交际中是多么重要，它是你有好人缘的金钥匙。

人都有获得尊重的需要，而赞美则会使人的这一需要得到极大的满足。正如心理学家所指出的：每个人都有渴求别人赞扬的心理期望，人一被认定其价值时，总是喜不自胜。由此可知，你要想取悦客户，最有效的方法就是热情地赞扬他。

是的，每一个人都渴望得到别人的赞美，你如果能在工作中和生活中适时地运用赞美，学会欣赏，你的工作便会更加顺利，你的生活便会更加美好。无论在哪个领域，懂得赞美的人，肯定是优秀的人。

某公司销售员周强有一次去拜访一家商店的老板："先生，你好！""你是谁呀？""我是某某公司的周强。"老板一听说是某公司的，马上说："我不买产品，请你去别的地方推销吧。"周强说："今天我刚到贵地，有几件事想请教你这位远近出名的老板。""什么？远近出名的老板？""是啊，根据我调查的结果，大家都说这个问题最好请教你。""哦！大家都在说我啊！真不敢当，到底是什么问题呢？""实不相瞒，是……""站着谈不方便，请进来吧！"

　　就这样，周强轻而易举地取得了客户的信任和好感。有人不解，因为这商店的老板是没有任何人能说动的，就向周强请教秘籍。周强说："我没任何秘籍，除了赞美。"

　　的确，赞美是有好人缘的一种必需的训练。要在最短的时间里找到对方可以被赞美的地方，这才是你有好人缘的本领。赞美的内容很多，只要你的赞美出自真诚，就能起到神奇的作用。

　　西汉时，渤海太守龚遂在任上的政绩非常突出，深受当地百姓爱戴，这件事不知不觉就传到了汉宣帝的耳中，这一天汉宣帝心血来潮，下了一道圣旨召龚遂进京面圣。

　　叩拜皇帝之后，宣帝当着满朝文武大臣的面问龚遂渤海郡是如何治理的（在这种情况下，很多人也许都会认为机会来了，忙不迭地大肆渲染自己的手段）。龚遂从容答道："启禀皇上，微臣才疏学浅，没有什么特别的才能，渤海郡之所以能治理得好，全都是因为皇恩浩荡，都是托陛下您的洪福啊！"

　　宣帝听了龚遂的赞颂，颇为受用，觉得他不居功自傲，是可塑之材，于是，当下给龚遂加官晋爵。

　　龚遂官场的成功，在于他运用了人际关系中"要懂得赞美别人"的技巧，没有把取得的成绩说成是自己的功劳，而归功于"皇恩浩荡"，皇帝在得到赞美的同时，必然会尽可能地去发现去挖掘龚遂的诸般好处，因为人与人之间的作用力是相互的。

　　赞美别人，仿佛用一支火把照亮别人的生活，也照亮自己的心田，有助于发扬被赞美者的美德和推动彼此友谊健康地发展，还可以消除人际间的龃龉和怨恨。赞美是一件好事，但绝不是一件易事。赞美别人时如不审时度势，不掌握一定的赞美技巧，即使你是真诚的，也会变好事为坏事。所以，开口前我们一定要掌握以下技巧。

因人而异

人的素质有高低之分，年龄有长幼之别，因人而异，突出个性，有特点的赞美比一般化的赞美能收到更好的效果。老年人总希望别人不忘记他"想当年"的业绩与雄风，同其交谈时，可多称赞他引为自豪的过去；对年轻人不妨语气稍为夸张地赞扬他的创造才能和开拓精神，并举出几点实例证明他的确能够前程似锦；对于经商的人，可称赞他头脑灵活，生财有道；对于有地位的干部，可称赞他为国为民，廉洁清正；对于知识分子，可称赞他知识渊博、宁静淡泊……当然这一切要依据事实，切不可虚夸。

情真意切

虽然人都喜欢听赞美的话，但并非任何赞美都能使对方高兴。能引起对方好感的只能是那些基于事实、发自内心的赞美。相反，你若无根无据、虚情假意地赞美别人，他不仅会感到莫名其妙，更会觉得你油嘴滑舌、诡诈虚伪。例如，当你见到一位其貌不扬的小姐，却偏要对她说："你真是美极了。"对方立刻就会认定你所说的是虚伪之至的违心之言。但如果你着眼于她的服饰、谈吐、举止，发现她这些方面的出众之处并真诚地赞美，她一定会高兴地接受。

真诚的赞美不但会使被赞美者产生心理上的愉悦，还可以使你经常发现别人的优点，从而使自己对人生持有乐观、欣赏的态度。

详实具体

在日常生活中，人们有非常显著成绩的时候并不多见。因此，交往中应从具体的事件入手，善于发现别人哪怕是最微小的长处，并不失时机地予以赞美。赞美用语愈翔实具体，说明你对对方愈了解，对他的长处和成绩愈看重。让对方感到你的真挚、亲切和可信，你们之间的人际距离就会越来越近。如果你只是含糊其词地赞美对方，说一些"你工作得非常出色"或者"你是一位卓越的领导"等空泛飘浮的话语，不能引起对方的猜度，甚至产生不必要的误解和信任危机。

合乎时宜

赞美的效果在于相机行事、适可而止，真正做到"美酒饮到微醉后，好花看到半开时"。当别人计划做一件有意义的事时，开头的赞扬能激励他下决心做出成绩，中间的赞扬有益于对方再接再厉，结尾的赞扬则可以肯定成绩，指出进一步的努力方向，从而达到"赞扬一个，激励一批"的效果。

雪中送炭

俗话说："患难见真情。"最需要赞美的不是那些早已功成名就的人，而是那些因被埋没而产生自卑感或身处逆境的人。他们平时很难听一声赞美的话语，一旦被人当众真诚地赞美，便有可能振作精神，大展宏图。因此，最有实效的赞美不是"锦上添花"，而是"雪中送炭"。

此外，赞美并不一定总用一些固定的词语，见人便说"好……"有时，投以赞许的目光、做一个夸奖的手势、送一个友好的微笑也能收到意想不到的效果。

见人主动打招呼

社会上有很多人不重视打招呼，特别是年轻人，觉得天天见面的同事用不着每次看见都打招呼；而对于不太熟悉的人，又觉得打招呼怕对方认不出自己来会造成尴尬；还有些人不愿意先向别人打招呼，他们老是在心里想："我为什么要先向他打招呼？"其实，我们完全可以通过打招呼让自己更加吸引人。

打招呼是联络感情的手段，沟通心灵的方式和增进友谊的纽带，所以，绝对不能轻视和小看打招呼。而要有效地打招呼，首先应该是积极主动地跟别人打招呼。

主动打招呼所传递的信息是："我眼里有你。"谁不喜欢自己被别人尊重和注意呢？如果你主动和单位的人打招呼持续一个月，你在单位的人气可能会迅速上升。

见了领导主动打招呼，说明你心中敬重领导；见了同事主动打招呼，说明你眼里有同事；见了下属主动打招呼，说明你体恤下属。永远记住，你眼里有别人，别人才会心中有你。

主动打招呼并不等于低三下四。有人认为，主动跟别人打招呼代表比别人低下，其实这是十分错误的观念，恰好相反，主动打招呼说明你有宽广的胸怀和积极的人生态度。民间有句俗话："大官好见，小鬼难缠。"大官随和易见，主动跟下属打招呼，是其自信的表现；小官故意端架子，正是他生怕别人不承认他的权威，这也恰恰显示出他的不自信。

由此可知，我们要学会主动与人打招呼，首先是要有自信心。一个没有自信的人，情绪低落，或自暴自弃，或自惭形秽，自己都瞧不起自己，怎么会主动地与人打招呼呢？

每个人都希望别人看到自己的自信，那么我们就应该首先养成主动跟别人打招呼的习惯，从今天开始，见到单位的同事和领导，主动向他们打招呼："您好，小王！""您好，肖总！"不久后，你就会给别人留下主动自信、热情大方的好印象。

有时候，主动打招呼还是职位升迁的通道哩。你如不信，我举个例子：同时进入某单位的两个年轻人，一年后一个升为了部门经理，另一个却还是普通员工。他们职场命运的差异并不是因为能力有多大差别，而是因为日常处事细节的差异。前者见到领导和同事都会主动打招呼，因此给大家留下了热情自信的印象；而后者见了领导躲着走，见了同事装作没看见，因此给同事和领导留下没有礼貌、不合群的印象。如此一来，职场命运出现这么大的差异也是意料中的事。你不主动向领导和同事打招呼，对他们来说并无任何损失。对于领导来说，有很多人想去结交他，也不少你一声问候，可是对你影响却大了，你不仅得不到领导的认可和赏识，也不能和同事拉近距离，在这样的状况下怎么会得到提升呢？

主动向别人打招呼，不仅让别人心情畅快，更重要的是可以为你创造一个良好的工作环境。领导赏识、同事认可，在这样的环境里工作，你自然会有很好的发展。在发达国家，当别人为你提供服务和帮助时，你要给对方小费，但是在中国，小费并不普遍，因此，为了表示对周围为你提供服务的人的尊重，主动打招呼是中国式的小费。比如，见到小区保安主动打招呼："您好，今天是你值班啊，辛苦了！"这时，小区保安觉得自己受到了重视，站姿更加标准，下一次见到你时，他很可能会主动帮你提东西；见到邻居时点头问候，一句简单的"您好"会在潜移默化中营造出和睦的邻里关系；见到公司的保洁阿姨，主动问候："阿姨您好，您把地拖得真干净，都可以当镜子使了。"你的一句问候不仅有利于建立良好的关系，还有可能换来更加干净整洁的工作环境。

当然，主动打招呼还要特别关注被冷落的人。对于那些被冷落的人，一声主动的轻声问候对他意义非凡。例如有些领导在位时被人前呼后拥，别人见面都主动和他打招呼，而退休之后"门前冷落车马稀"，他便更加在意别人对他的问候。这时，一个问候对他非常珍贵，会给他留下深刻的印象。

主动打招呼是做人最基本的礼貌要求，但也不能见人就聊个不停，影响他人做事。这就关系到会不会打招呼了。也就是说，打招呼也是有学问的。

首先打招呼要注意场合和对方的情绪。有个笑话说，某人习惯用"吃了吗"打招呼，以至于碰到刚从洗手间里出来的熟人也这样打招呼，结果会引起对方的反感。还有像"忙什么呢?"这类问候性的招呼语也要少用，因为这种问候会有干涉别人隐私的嫌疑，也许令人不愉快。

另外，打招呼一定要简洁，不要太过繁杂，一句普普通通的带微笑的问好，就能够拉近两人的距离。同时在与人打招呼时要特别注意，不要为了表示亲切而牵涉到个人私生活，倘若把个人隐私方面的话题拿出来寒暄，打这类招呼反而会引起别人的不快。

我曾经也是一个不爱与人打招呼的人，后来总结经验教训，发现自己主要是缺乏自信，从此我给自己定下一条"规定"来训练自己：坚持每天跟自己只有一面之交的人打招呼，不管对方是多落魄还是多优秀。对落魄者打招呼可以让他们感觉到他们自己的存在，对优秀者打招呼可以建立人脉，展示自己。

仰起头和对面走过来的人打招呼吧：嘿嘿，早啊……呵呵……

善于与陌生人说话

　　一个人有好人缘，尤其是在他年轻的时候，最令人头疼的一件事大概就是怎样自如地和陌生人说话。一般情况下，大人教育小孩子时，都不忘郑重交代：别与陌生人说话。这是因为小孩子的智力局限，怕小孩被居心不良的陌生人所骗，不能放心才这样交代的。其实，在成年人世界里，为了你能在社会上吃得开，为了你的人脉畅通，还是要多与陌生人交往的。再说，除了亲人之外，哪一个熟人不都是由陌生人转变而来的呢？

　　你可能有过这种经历：在一个相互都不熟悉的聚会上，90%以上的人都在等待着别人来与自己打招呼，也许他们认为这样做是最容易也是最稳妥的。但其他不到10%的人则不然，他们通常会走到别人面前，一边主动伸出手来，一边做自我介绍。

　　主动向别人打招呼和表示友好的做法，会使对方产生"他乡遇故知"的美好感觉和心理上的信赖。如果一个人以主动热情的姿态走遍会场的每个角落，那么，他一定会成为这次聚会中最重要、最知名的人物。

　　有人说，大人物与小人物的最主要区别之一，就是大人物认识的人比小人物多得多。而大人物之所以能够认识更多的人，就是因为他们总是主动并乐于和陌生人交往。从这一点上看，做一个大人物并不难，只要你能主动地把手伸给陌生人就可以了。

　　当你尝试着向陌生人伸过手去，并主动介绍自己时，你就会发现这比被动地站在那里要轻松、自在多了。一旦这种做法成为习惯，你就会变得更加洒脱自然，朋友越来越多，事业也越来越兴旺发达。

美国一位著名记者怀特曼指出，害怕陌生人这种心理，我们大家都会产生，例如，在聚会上我们想不到有什么风趣或是言之有物的话可说的时候，在求职面试中拼命想给人留下好印象的时候。实际上，无论何时何地，只要我们遇到了素不相识的陌生人，心里都会七上八下，不知道该怎样打开话匣子。然而，仔细想想，我们的朋友哪一个不是原来的陌生人呢？正因如此，所以怀特曼又说："世界上没有陌生人，只有还未认识的朋友。"假如运气好的话，和偶遇的陌生人还会发展成为忠贞不渝的朋友。

因此，我们必须有效克服"社交恐慌症"，这是与陌生人交往的最大障碍。要想克服"社交恐慌症"，首先要克服的就是自卑感。哲人说："自卑就像受了潮的火柴。再怎么使劲，也很难点燃。"如果一个人总是表现得犹犹豫豫、缩手缩脚，别人自然也认为你真的很无能，不愿和你交往。自卑不仅会使自己陷于孤独、胆怯之中，而且会造成心理压抑。受这种心理的支配，人们就会越来越不敢主动去和陌生人交往，在社会上也越来越封闭。

克服自卑感的方法有很多，最有效的就是对自己进行"心理暗示"。比如，在和陌生人交往感到恐慌时，你不妨想一想：我的社交能力虽然还不够好，但别人开始时也是这样的，不管做什么事，开始时都不见得能做好，多做几次就会更好了，其实大家都是这样的。问题的关键在于，你必须敢于走出与陌生人交往的第一步。实践出真知，练习多了，你就不再会感到害怕、胆怯、腼腆、羞涩了。这样，就会使自己的社交能力大大提高，让周围的陌生人都变成熟面孔，从而建立更好更广阔的人脉关系网。

美国前总统罗斯福是一个善于和人交往的能手。在早年还没有被选为总统的时候，有一次参加宴会，他看见席间坐着许多不认识的人。如何使这些陌生人都成为自己的朋友呢？他稍加思索，便想到了一个好办法。

罗斯福找到了自己熟悉的记者，从记者那里把自己想认识的人的姓名、情况打听清楚，然后主动走上前去叫出他们的名字，谈一些他们感兴趣的事。这些人都很吃惊，而且很高兴，此举使罗斯福大获成功。后来，他运用这个方法为自己竞选总统赢得了众多的有力支持者。

与熟人交往人们大都乐于参与，而与陌生人交往却令很多人却步不前。殊不知，拜访陌生人正是你有好人缘的第一步，也是最重要的一步。

与陌生人交往一定要有良好的心态。态度决定一切。没有稳定、平和的心态是做不好陌生拜访的。做陌生拜访需要勇气，尤其是第一次。许多人，一想到待会儿就要和素不相识的人说话，就会觉得紧张。好像全身的血液流动都加快了，因而会感到更加害怕。其实，这是很正常的生理反应。人也是一种动物，动物都习惯于生活在一个熟悉的环境下。一旦到了一个新的环境，不管是人还是动物都会觉得紧张。紧张是一种本能，紧张的作用就在于让人更快地适应新的环境。陌生人的介入，就好比带来了一个新的环境，因为你不熟悉他，所以你紧张是很正常的。你对接下来不知道要发生什么感到恐惧，这也是很正常的，人对自己不能把握、不能确定的东西总是会感到恐慌的。其实，发生这样的事情，都是因为想得太多的缘故。做陌生拜访，一定不能有太多的顾忌。做之前不要想太多，这是第一点。你要明白别人拒绝你是正常的，这是你必须树立的心态，你要有稳定、平和的心。

人是多样性的，千人千面，没有一个固定的技巧适合你去沟通所有的人。你只能自己学会去观察，去把握每个人的不同需求。

有一句话说得好："失败一定有原因，成功一定有方法。"要想获得成功一定要讲求方法，而把话说好是最重要的方法之一。善于与陌生人说话，你的人脉资源会变得无限，你在社会的影响力会越来越强大，你在社会上自然就会活得越来越好。

说话时切莫"我"字当头

一个司机驾驶汽车，应随时注意交通标志，如果红灯已经亮了仍然向前开，闯祸就是必然了；说话也一样，一个人要说好话，也应随时注意听者的态度与反应，如果不注意这些，只管自己海阔天空地侃大山，全不顾别人感受，且"我"字连篇，势必让人觉得你厌烦，产生不好的印象。

其实，人与人交谈，"我"字是经常会讲到的。但具体到"我"字怎么用，却大有学问。因为在交谈的过程中，"我"字用得大多或过分强调，就会给人留下突出自我、标榜自己的印象，这无形之中就在对方和你之间筑起一道防线，形成障碍，影响来往的深入。

因此，人不仅在交往中要学会以心换心，在谈话时也要以心换心。你感兴趣的事情别人不一定感兴趣，你不感兴趣的事情别人未必就不感兴趣。也就是说，我们在谈话时要尽量少说"我"，多说"你"，多说"我们"。

比如，有一位年轻的母亲，热情地对人说："我的宝宝会叫'妈妈'了。"她这时的心情是高兴的，可是旁人听了会和她一样地高兴吗？不一定。谁家的孩子不会叫妈妈呢？你可不要为此而大惊小怪！这是正常的事情，如果不会叫妈妈的孩子才是怪事呢。所以，你看来是充满了喜悦，别人不一定有同感，这是人之常情。

这个时候，你如果一定要夸夸自己的孩子，也请最好先夸别人的孩子，再夸自己的孩子。总之，你要竭力忘记你自己，不要总是谈你个人的事情，你的孩子，你的生活。人人喜欢的是自己最熟知的事情，那么，在交际上你就可以明白别人的弱点，而尽量去引导别人说他自己的事情，这是使对方高兴的最好的方法。你以充满同情和热诚的心去听他叙述，你一定会给对方以最佳的印象，并且对方会热情欢迎你，热情接待你。

除了要多说"你"，而且要多说"我们"，尽量淡化你自己，强化别人，这样才能激起别人谈话或听话的兴趣。有的时候，可以把"我的"变为"我们的"。因为，把"我的"变为"我们的"以后，可以巧妙拉近双方距离，使对方更容易接受你和你的话。

假设你在说话中，不管听者的情绪或反应如何，只是一个劲地提到我如何如何，那么必然会引起对方的反感。拭想想，如果改变一下说话的句子，把"我的"改为"我们的"，这对你并不会有任何损失，只会获得对方的好感，使你同别人的友谊进一步地加深。

在广播电视报道中，我们经常看到记者这样采访："请问我们这项工作……"或者"请问我们厂……"；在演讲的场所，我们也经常发现演讲者使用"我们是否应该这样""让我们……"等表达方式。他们之所以选择这样的句式，是因为这样说话能使自己觉得和对方的距离接近，听来和缓亲切。别小看"我们"这个词，它要表现的是"你也参与其中"的意思，所以会令对方心中产生一种参与意识。比如说"你们必须深入了解这个问题"，便拉开了听众与说话人的距离，使听众无法与你产生共鸣。如果改为"我们最好再作更深一层的讨论"，就会缩短与听众之间的距离，使气氛立刻活跃起来。

在社会活得开的人，都不是唯我独尊的人，他们说话时总会顾及他人的感受，他们在说话时从不"我"字当头。因此，要说好话，我们必须掌握"我"字运用的分寸。那么，怎样才能做到这一点呢？下面有几点建议值得我们参考：

1. 尽量用别的词代替"我"

在许多情况下，可以用"我们"，抑或更亲切一点的"咱们"一词代替"我"。以复数的第一人称代替单数的第一人称，可缩短双方的心理距离，促进彼此情感的交流。

比如："我建议，今天下午……"可以改成："今天下午，我们……好吗？"

2. 能省略"我"字的时候，就不必说出

比如："我对我们公司的员工最近做过一次调查统计，（我）发现有40%的员工对公司有不满情绪，（我认为）这些不满情绪来自奖金的分配不公，（我建议）是不是可以……"

第一句用了"我"，主词已经很明确，那么后面几句中的"我"不妨统统省去。这对句子意思的表达毫无影响，且能使句子显得更简洁，避免不必要的重复，还能使"我"不至于太突出。

3. 尽量以平稳和缓的语调淡化"我"字

凡讲到"我"时，"我"字不要读成重音，语音不要拖长，另外，行为举止方面都要加以注意，例如：目光不要咄咄逼人，表情不要眉飞色舞，神态不要得意扬扬，说话的语气也要尽量做到平淡。应该把表达的重点放在事件的客观叙述上，而不要突出做这件事的"我"，更不要使听的人，觉得你高人一等，是在吹嘘自己。

喜欢以自我为中心的人，开口闭口总离不开"我"，这样既无法促使自己与别人更深地交往，更不可把话说得让人信服，他人若不信服你，你自然就在社会上吃不开。甚至有些人自己喜欢的要求别人也要喜欢，自己没有把什么心里话都告诉好朋友，却要求别人对自己毫无秘密，全部公开。这是极其自私的行为，世界的丰富多彩就是因为每个人都不同，包括他们的个性爱好，每个人都有自己的隐私，怎么能要求别人公开隐私呢？即使是好朋友也没有这个权利。

因此，我们在任何时候都要记住：说话切忌"我"字当头。

把好话都说在前面

很多时候，人性是很微妙的，基本上对于负面的事，我们会假设："即使我做得不够好，对方也可能看不见；就算看见了，也可能放一马。"而对于正面的事，我们也会假设："即使我做得好，对方也可能看不见；就算看见了，也八成不会给额外的奖赏，而认为这是当然。"

在这个基础上，一般人做事，是不会太好，也不会太坏的。如果你希望非常好，或不至于"有一点点坏"，最好的方法，就是事先"摆明了"。

怎样摆明了？那就是，要把好话说在前边，你就会得到好的服务。

我们来读一篇幼儿园老师的博文，就能对这个道理有更深的了解。

有一年，由于有些疾病极易传染，幼儿园决定让小班的孩子每天喝些凉茶，吃些喉片，以增强抵抗力。想起我班几个孩子一提起凉茶就头疼，而且，让孩子们喝凉茶，是他们最不乐意的事了，每次喝时总是喝一口，玩一玩，直到老师催了无数遍了，才肯慢慢喝下去。怎样才能够让孩子乐于喝凉茶，并自愿快速喝完呢？我想起了喉片的作用。

于是，那天下午玩完游戏回来，待所有的孩子都上完厕所，洗干净手后，我让他们一个个站好，像要宣布一件大事似的，说："近来天气热了，蚊蝇多了，很容易传染疾病，为了增强小朋友的抵抗力，除了多锻炼身体外，老师还给你们买来的板蓝根，它能帮助我们人类增强抵抗力，经常喝不容易生病，"趁着他们听得认真时，我又出示喉片，说"等一会，谁喝得最快、最干净，老师就给他吃一颗喉片，没喝凉茶的就先不给他吃，你们说好不好？"他们争先恐后地说好。

这一招还真灵，为了快点儿吃到喉片，孩子们一拿到杯子就大口喝了起来，与平时喝凉茶的情形截然不同，一喝完，他们就争着让我检查杯子，意思是说，老师我喝完了，你快给我糖吃吧。吃着了喉片，他们都乐得笑了起来。

从这个小故事我们可以看出，把好话说在前头，效果会更佳，过程也会变得快乐。其实，万事又何尝不是如此呢？

台湾作家刘墉讲过自己经历的一个故事：

有一次，我叫印刷工人送来印好的新书，书很多，堆了一摞又一摞。因为堆得不整齐，我特别请工人们别堆得太高，以免倒下来砸到人。几千本书，总算堆完了，我看工人们忙得大汗淋漓，于是除了运费还给了他们不少小费。

看到小费，工人们很不好意思地说："早知道您要给小费，我们应该给您特别堆整齐一点。"说着再跑到书堆前想重新整理一下，但是几千本书已经都摞好了，再不好拿动了，除非重新堆一遍。

从这件事上，刘墉先生自称得到了一个不小的教训：如果你希望服务更好一点而给小费，最好当着面说清楚，有处罚的原则，也应该事先说好，这样双方事先都清楚，对双方都有好处。

其实人生中许多事都是这样，想让别人得到激励，一定要把好话说在前面，让别人能够看到你的"鼓励"，或"欣赏"。

嘴巴甜不是拍马屁

有一俗话说："良言一句三冬暖，恶语伤人六月寒。"这个"良言"指的就是好话，一个人会说好话，人们都会称赞他"嘴巴甜"。

中国人讲究德行，其中讲到修德和积德，修德，先修口德，积德，先积口德。我们在书中学到的大佛人格，一般包括三方面：爱语、方便和利行，其中的爱语就是说好听的话，佛提倡爱语就是要善待一切，多说一切的好，哪怕再不好的人、事、物，只要你懂得爱语，你总会从另一个角度发现不好背后的好。

比如，有一位女孩看起来确实不是很漂亮，当她问你说："我漂亮吗?"，你如果直接了断地说，"你不漂亮"，那绝对是一种伤害，那是不符合大佛爱语的，也不符合我们做人、有好人缘的规则。

那么，你应该怎么说呢？你应该说："你很有魅力。"或者说"你很有气质。"这样给她的感觉就明显不一样了。

这样一对比我们就知道，同样是说话，是多说好话还是多说坏话，是嘴巴甜还是嘴巴苦，结果是差距很大很大的。

所以，我们有好人缘必须嘴要甜，这很重要，因为这是一个关于成功的重要细节，如果我们能够把这个细节运用到我们的学习、生活、工作、爱情、友谊之中，我们的人生必将受益无穷，我们也会在社会上活得如鱼得水。

为什么要嘴巴甜？因为人常常在得到别人肯定、赞美的时候，也就是说当听到别人多说好话的时候，会自然的表现得更愿意合作，更愿意帮助对方。说好话对人的影响是显而易见的，既可以影响到你对人对事的态度，又可能影响到别人对你的态度，这种影响带来最后的结果往往是我们大家都愿意看到的，正如一位著名的成功大师所说的那样："当你说好的时候，你就会看好的、听好的、想好的、传好的、做好的，最后带给你的结果一定是好的"。

有人说，"嘴巴甜，是本钱"，也的确如此，嘴巴甜是产生效益提高生产力的神奇妙方，这在许多成功人的身上得到了充分的验证。

美国钢铁大王卡内基以年薪一百万聘请的总经理希瓦布说："我认为，我最宝贵的能力就是能够在别人身上激发热情，而我所用的本领就是嘴巴甜。"

富兰克林也认为他成功的秘诀就是多说好话，他从来不说或很少说别人的缺点和坏话。

当然，提倡嘴巴甜，并不是要人巴结奉承，拍马屁。巴结奉承的话多听几次也知道是假的，反而让人觉得你不真诚。不如多关心对方，知道对方有兴趣要聊的话题，平时有机会多了解这方面的信息，言之有物，他人也才会真的想跟你说话。不过，正面、积极、称赞的话总是听起来顺耳一点，即使是不关自己的事情也不要老是批评。

很多人都把"嘴巴甜"当作是一种奉承逢迎，好像嘴巴甜的人就是哈巴狗、拍马屁似的，这种看法是明显错误的。

嘴巴甜，可以是该称赞的时候称赞，适时的表示关心，对于对方关心的事情也表示关心，该有礼貌的时候有礼貌，即使是要批评某些事情也能用不伤人的方式说出来。并不是要黑的说成白的，难吃的东西硬说成好好吃的样子，这种十分明显的假话不属于嘴巴甜的范畴。

即使是不爱说话的人，也可以讨人喜欢的，那就是学会嘴巴甜一点。这类人虽然说得少，可是字字珠玑；难得开口，可是一开口就是让人觉得如沐春风；不会聊家常，可是会关心彼此的健康、心情……这不是同样也讨人喜欢吗？大家想象中的那些三姑六婆，每天话那么多，未必人缘就真的很好。

生活中离不开说话，不论是亲情、友情、爱情，甚至事业的发展都要讲究说话的技巧。例如：在事业中，甜美的语言可以让我们打开各路渠道，集结客户、增长业绩。在生活中，一张甜嘴可以使得家人和睦，生活幸福、邻里相依。在友情上，一张甜嘴可以广交朋友，使我们的友谊之树长青。在恋爱中，一张甜嘴可以使恋情更加甜蜜，从而促成美满的婚姻。这些关系是与我们一生密不可分的，如果我们能拥有一张甜嘴，不仅可以为我们的生活锦上添花，更能成就我们的完美人生。

由此可见，拥有一张甜嘴巴等同于拥有一项优势，它会给我们提供很多帮助。"好话一句暖三冬"，暖的不仅是听话的人，还有讲话者本人。对他人来说，时常说几句"甜言蜜语"，更能让自己笑口常开，心宽气和，算是个不错的养生之道。

有一位104岁的老太太，身体硬朗，还能做针线活。她接受电视采访的时候，说起自己的长寿秘诀：没心没肺，能吃能睡，心宽嘴甜，随喜随缘，每天都把笑容挂在脸上。

的确，平和喜乐的心态对人们来讲最难得，也最珍贵。而嘴巴甜一些，多称赞别人，使人更关注正面、积极的因素，有益于营造良好的人际氛围，也能带来平和朴实的快乐和恬淡的喜悦。

当然，"嘴甜"不是一味说好话，更不是对他人无原则地迎合奉承，它需要设身处地替别人着想，发现对方的优点，体谅他们的难处，同时也要明确自己的身份、角色，把握好说话的时机。

　　对同龄人，要抱有尊重和理解；对晚辈，多些关心和爱护。对别人的行事和意见要多肯定，该称赞时不吝褒奖之词，即使批评也要讲究方式方法。还可常与朋友、家人找些共同感兴趣的话题，或仅聊聊家常，嘘寒问暖，适时表示关心、理解或同情，也会拉近彼此的距离。

　　"嘴巴甜"的人就像"欢喜神仙"，走到哪里都有人缘；肯定别人，关爱别人，也是有好人缘的一种智慧、一项技能。

没话找话不是饶舌

在口才艺术中，没话找话是一种本领，是在有好人缘的过程中所必经的一种锻炼。我们所说的"找话"就是"找话题"的意思。凡是写文章的人都知道，只要有一个好题目，往往会文思泉涌，一挥而就。说话也如此，交谈只要有了好话题，就能谈吐自如。因为话题是初步交谈的媒介，是深入细谈的基础，是去纵情畅谈的开端。可以说，没有话题，谈话是很难顺利进行的。

那么，好话题的标准是什么呢？好话题的标准，首先至少有一方要熟悉话题，能谈；其次，双方或大家都感兴趣，爱谈；最后，大家都认为这话题有探讨的余地，好谈。

一般不善言谈的人，在交际场合中很容易陷入尴尬局面。因此，要想在交际场合上得心应手游刃有余，必须掌握在场面上善于没话找话的诀窍。

1. 借用身边的材料

巧妙地借用身边的材料，并以这些材料为主题，借此引发交谈，是没话找话的首选方法。

在社会交往中，经常会有一些人成为他人眼中的"明星"，这是些什么人呢？只要细心观察，我们不难发现，这些人都是思维敏捷、大脑灵活的人，他们经常会借助对方的姓名、籍贯、年龄、服饰、居室，等等。巧妙地将话题展开，让对方在与之相处时总感觉有新鲜感，而这些即兴话题往往是其成功的最基本。

因此，要想让别人记住你，就要学会借题发挥，适时借用彼时、彼地、彼人的某些材料为题，善于将这些材料做出由此及彼的联想，让自己所找的话题始终具有吸引人的新颖感，才会在与人交往中取得成功。

2. 找到共同爱好

谈话前要以了解对方的兴趣，才能顺利进入话题。尤其是面对周围不认识的人，要找大家都关心的事件，把话题对准大家的兴奋中心，而这类话题要是大家想谈、爱谈、又能谈的，人人有话，自然就能说个不停了。与此同时，人们就会很容易的认识并记住你。如果面对的都是不喜欢说话的陌生人，而你又不善谈，那只会让大家都处于尴尬状态。所以说，没话找话是为拓宽自己的人际关系网所必需的说话艺术。

3. 把话题对准大家的兴奋中心

在交流时，要选择大家关心的事件为话题，把话题对准大家的兴奋中心。无论对方的兴趣是什么，都可以循趣发问，而后顺利地进入话题。比如对方说喜爱象棋，就可以以此为话题，大谈下棋的情趣。如果你对象棋略知一二，肯定会谈得投机；如果你对象棋不太了解，这正好是个学习的机会，静心倾听时适时提问，借此大开眼界。

4. 以提问的方式不断扩展话题

面对陌生人就要先提出一个"投石"性的问题，想好答案之后的对话，这种有目的的交谈，便能谈得更为自如。比如在聚会时，如果见到的是陌生的邻座，便可先"投石"询问："你和主持聚会的人是老乡还是老同学？"无论问话的前半句对还是后半句对，都要按对的一方面交谈下去，如果对方的回答是"老同事"，那也可以顺着这个话题交谈下去。

5. 由浅入深，一见如故

早在古代就有"一见如故"的美谈，要想与陌生人谈得投机，就要在"故"字上做文章，变"生"为"故"，让对方对你有个深刻的印象。孔子说："道不同，不相为谋。"人们大多是志同道合才能谈得来，面对陌生人，在完全不知道对方根底的情况下，可以巧妙地从某事、某景、某种情感引发一番争论，人没有不喜欢争的，而这个争论只是类似"抽线头""插路标"。这样说，重点在引，导出对方的话匣子，从而与对方长时间的交谈，与其成为"故交"。

没话找话其实早已经渗透于人们的生活中，无论是过去还是现在，只要用心就会发现身边的人没有一个不会没话找话的。会没话找话，其实就是让人取得成功的一种本领。比如想让陌生人买你的保险，你不但要没话找话，先套个近乎，还要能说得天花乱坠，让他以为完全是为了他而不是你；求人办事，有时不仅要没话找点话，还要说得让人开心乐意，认为理所当然，情分已至，否则这事难说。由此可以看出，学会没话找话的本领，在你的生活或是工作中是必不可少的。

当然，没话找话不是饶舌，它也有一定的技巧，不能乱找话。如果你不懂没话找话，比如在众人都对某一话题感兴趣的时候，突然转移话题，这样就只会弄巧成拙，不仅使谈话场面尴尬，同时还会扫朋友谈话的兴趣。

第四章 说话礼仪是人际交往的前提

　　有"礼"走遍天下，无"礼"寸步难行，每个场合都要求每个人遵守一些必要的礼节。也就是说，要想有好人缘，就得时时处处知礼懂礼，与人说话的时候，尤其要注意礼仪，只有恰当的礼仪，你的语言才能更容易得到别人的理解和尊重。那些功败垂成的人，很多时候是由于说话不懂礼仪造成的。

"谢谢"二字常挂嘴边

在我们说过的所有话语里，有这样一句话值得我们常常挂在嘴边，那就是"谢谢"。"谢谢"，你可千万别小看了这两个字，它是我们礼貌用语里很重要的一条，其中所含的意义、哲理却非常的深。

曾有一位外国总统问一位活了104岁的老太太长寿的秘诀时，老太太回答说：一是要懂得幽默，二是要学会感谢。

这位老太太，从25岁结婚起，每天她说得最多的两个字便是"谢谢"。她感谢丈夫、感谢父母、感谢儿女、感谢邻居、感谢大自然给予她的种种关怀和体贴，感谢每一个祥和、温暖、快乐的日子。别人每对她说一句亲切的话语，每为她做一件平凡的小事，每送给她一张问候的笑脸，她都忘不了说声"谢谢"……

八十年过去了，是"谢谢"二字使老太太的快乐长久，使老太太的幸福长久，使老太太的生命长久，使老太太成了地方上最受欢迎的人。

可见，人间需要"谢谢"，天堂也需要"谢谢"；贫穷时需要"谢谢"，富裕后也需要"谢谢"；陌生人需要"谢谢"，朋友间也需要"谢谢"；困境中需要"谢谢"，幸福里也需要"谢谢"；凡人需要"谢谢"，上帝也需要"谢谢"……

人生在世，当我们能拥有健康或基本健康身体时，要说声"谢谢"，因为许多人此时正受病疾的折磨，有的甚至终生与健康无缘；当我们能拥有舒适或虽然简单便还能过得去的生活条件时，要说声"谢谢"，因为此时许多人正遭受天灾人祸，有的甚至在生活中从来就没出现过舒适的概念；当我们能拥有一份事业或能养家糊口的工作时，要说声"谢谢"，因为许多人此时正奔走在找工作的路途中或根本没有正常的能力；当我们能享有一份爱情或亲情、友情时，要说声"谢谢"，因为许多人此时正忍受失恋的痛苦；当我们早晨正常醒来并闻到清爽的空气，看到了初升的太阳时，也要说声"谢谢"，因为世界不知多少人在这个早晨没有醒来，不知有多少即便醒来也看不见任何光亮，甚至连伸个懒腰这样简单的动作也做不到。

利用早晨的阳光，赶紧数一数上苍给我们的赐福，看一看围绕我们周围这一切的存在吧，与不能拥有这份存在的人比比，怎能不发自内心地说一声"谢谢"！

有一个女孩，小时候她就有一个习惯，就是对任何人都会毫不吝啬地说谢谢。上初中时，有一个同学来到她家玩，妈妈递给她一个东西，她随口就说了一声"谢谢"。同学觉得很奇怪，送她回家的路上就问她：为什么跟妈妈这么客气？她不以为然地说："这很正常啊，我们家都这样。"

女孩说自己从来没有想过什么时候该说谢谢，什么时候可以不说；该对谁说，对谁不用说。无论任何人，只要人家有一点点帮到她的，她都会说声"谢谢"。"谢谢"成了她的口头禅。

家人递她毛巾，她要说谢谢；同学给她讲解题目，她要说谢谢；陌生人给指路，就更要说谢谢了，不用经过思考，这话自己就溜出了嘴。她觉得只有"谢谢"才能最直接、最快速地让对方知道你对他帮助的认可，知道他所做的事情对于你来说的意义。现在她已经结了婚，在老公忙完一件事之后，她也会撒娇地说声"谢谢老公"。她说这是对老公付出的尊重，让他有种被重视的感觉，再苦的事情也有所回报。这一声谢谢会被他记在心里，同样，他为这个家做出贡献自己也记在心里，当两个人一起面对困难的时候，把生活上甜蜜的片段拿出来细细的品位，让困难在幸福中瓦解。

这就是这个女孩学到的生活。生活是很平淡的，但是一声"谢谢"却可以让彼此温暖。当然"谢谢"不仅仅是一句温暖人心的话，更是一个人教养的体现。作为一个走上社会的人，我们可以没有财富，可以没有令人骄傲的外貌，甚至也可以没多少气质，但是不能没有教养，教养是一个人潜在的品质。

有教养的人是令人敬佩的、尊敬的、愉悦的，使人感到如沐春风。讲话有分寸，对人不刻薄；公共场合端庄大方，举止不轻浮；有爱心，并善于表达爱心；常常赞美祝福他人，而不是嫉妒人。所以，无论在什么时候都不要忘了把"谢谢"挂在嘴边，因为那不仅是温暖的表达，更是一个有好人缘的人应有的教养。

自我介绍——巧妙推销自己

在这个处处充满竞争的社会，怀才不遇对于每一个想做一点事情的人来说，都无疑是非常苦闷的事。一个有部长之才的人，如果连一个小组长都没活上，固然郁闷；一个适合做科学研究的人却只能荷锄耘田，恐怕也同样不爽。千古以来，为怀才不遇而郁闷不已的人比比皆是。孔子说："美哉水，洋洋乎！丘之不济至此，命也夫！"屈原说："国无人莫我知兮，又何怀乎故都！"李白说："大道如青天，我独不得出！"……

为什么会频频出现这种才俊怀才不遇、不得赏识的情况呢？除了社会形态不正常，用人机制有问题外，还有一个重要的方面，那就是才俊自身有问题，或是性格缺陷，狂傲如三国时期击鼓骂曹的祢衡，放浪如魏晋时期嗜酒如命的刘伶，渎职如唐朝苦吟误公务的孟郊；或者是缺乏推销自己才干的才干，茶壶煮水饺——倒不出来，致使其空有一身本领，却无从得到社会的认同和欣赏。

这就是说，那些青史留名者几乎都是善于推销自己才干的人，而怀才不遇者大都是不会推销自己才干的人。

战国时，齐国有一个叫冯谖的人投奔到齐国相国孟尝君门下做食客，食无鱼，出无车。他总觉得自己怀才不遇，心里当然很不爽。他没有选择等待时机展露才华，而是采取了一种"会叫的孩子有奶吃"的策略，每天弹着自己的破宝剑，对天高唱："伙计啊！咱这么大本事，竟然吃饭没有鱼？伙计啊！咱这么大本事，竟然出门没专车？郁闷啊……"孟尝君一听，觉得这家伙敢这么拽，肯定有两下子吧，不妨给他提高点待遇，再给他安排点事做。于是，冯骥就这样出头了。

这位冯骥很懂得推销自己，早就看好了可以施展自己才干的舞台，一有机会就将自己推销出去。他算得上一个自我介绍的高手，但下面这个汉初的青年，其自我推销之术似乎比他更胜一筹。

这个青年名叫魏勃，野心勃勃，一心想活入上流社会。那时，没有科举制度，想出人头地，必须依靠达官贵人赏识、举荐、提拔。魏勃既没有贵族血统，家里又穷得耗子都不上门，以这样的条件想谋求富贵，真是无异于异想天开。然而，世上无难事，就怕有心人。魏勃居然成功了。那么，他是通过怎样的方法去打通这条通天路的呢？

原来他是这样做的：他经常在凌晨时分拿起扫帚，去齐国相国曹参家的一个随从（舍人）家的大门口打扫卫生。魏勃每天把人家门前打扫得干干净净，弄得人家神经兮兮，以为是有什么神怪降临做法呢。一天夜里，那随从壮着胆子偷偷一瞧，结果发现是魏勃这个穷小子在做好事，便问魏勃有什么目的。魏勃实话实说：俺想干一番事业，苦于没有门路，便想通过这一招引起您的注意，求您替我向曹相国引荐一下。接着，他将自己所有的才干推销了一通，自然顺便也说了不少今后不忘报答阁下大恩大德之类的好话。

那随从被魏勃打动了，便引荐他去见曹参。一谈之下，曹参也觉得魏勃不错，便留他做了随从。一天，魏勃为曹参赶车，趁机谈起了自己对时事政治、国计民生的一些见解，曹参觉得这家伙真是个人才，便又把魏勃举荐给了齐悼惠王刘肥。刘肥也认为魏勃是个人才，便让他做了内史，后来又提拔他作了齐国中尉。

　　这个魏勃到底有多少才学，我们无从知道，但他推销自己的毅力和恒心，是值得我们学习的。古时候这样的人不少，唐朝有一位大诗人叫陈子昂，他也一夜成名，与魏勃不一样的是，他走的是另一条古怪的路子——哗众取宠。

　　从冯驩、魏勃等人的故事中我们不难看出，人在社会上活，学会自我介绍，推销自己，是获得成功的必要手段。谁掌握了它，谁就可以告别怀才不遇的抑郁。

　　在人际交往中如能正确地利用介绍，不仅可以扩大自己的交际范围，广交朋友，而且有助于自我展示、自我宣传，在交往中消除误会，减少麻烦。自我介绍，即将本人介绍给他人。从礼仪上讲，作自我介绍时应注意下述问题：

　　1. 自我介绍要讲时机

　　首先要抓住时机，在适当的场合进行自我介绍，对方有空闲，而且情绪较好，又有兴趣时，这样就不会打扰对方。

　　有些场所适合自我介绍，比如应试求学时，在交往中与不相识者相处时，有不相识者表现出对自己感兴趣时，有不相识者要求自己做自我介绍时，有求于人而对方对自己不甚了解或一无所知时，旅行途中与他人不期而遇、并且有必要与之建立临时接触时，自我推荐、自我宣传时。如欲结识某些人或某个人，而又无人引见，如有可能，即可向对方自报家门，自己将自己介绍给对方。

　　2. 自我介绍要讲究态度

　　态度一定要自然、友善、亲切、随和，应镇定自信、落落大方、彬彬有礼。因为任何人都以被他人重视为荣幸，如果你态度热忱，对方也会热忱。

3. 自我介绍要注意时间

自我介绍时还要简洁，言简意赅尽可能地节省时间，以半分钟左右为佳。不宜超过一分钟，而且愈短愈好。话说得多了，不仅显得啰唆，而且交往对象也未必记得住。为了节省时间，作自我介绍时，还可利用名片、介绍信加以辅助。

4. 自我介绍要注意内容

自我介绍的内容包括3项基本要素：本人的姓名、供职的单位以及具体部门、担任的职务和所从事的具体工作。这3项要素，在自我介绍时，应一气连续报出，这样既有助于给人以完整的印象，又可以节省时间，不说废话。要真实诚恳，实事求是，不可自吹自擂，夸大其词。

5. 自我介绍要注意方法

进行自我介绍，应先向对方点头致意，得到回应后再向对方介绍自己。如果有介绍人在场，自我介绍则被视为不礼貌的。应善于用眼神表达自己的友善，表达关心以及沟通的渴望。如果你想认识某人，最好预先获得一些有关他的资料或情况，诸如性格、特长及兴趣爱好。这样在自我介绍后，便很容易融洽交谈。在获得对方的姓名之后，不妨口头加重语气重复一次，因为每个人最乐意听到自己的名字。

6. 自我介绍要熟知的形式

应酬式：适用于某些公共场合和一般性的社交场合，这种自我介绍最为简洁，往往只包括姓名一项即可。"你好，我叫XX."
"你好，我是XX."

工作式：适用于工作场合，它包括本人姓名、供职单位及其部门、职务或从事的具体工作等。如"你好，我叫XX，是XX公司的销售经理。""我叫 XX，在 XX 学校读书。"

交流式：适用于社交活动中，希望与交往对象进一步交流与沟通。它大体应包括介绍者的姓名、工作、籍贯、学历、兴趣及与交往对象的某些熟人的关系。如"你好，我叫 XX，在 XX 工作。我是 XX 的同学，都是 XX 人。"

礼仪式：适用于讲座、报告、演出、庆典、仪式等一些正规而隆重的场合。包括姓名、单位、职务等，同时还应加入一些适当的谦辞、敬辞。如"各位来宾，大家好！我叫 XX，是 XX 学校的学生。我代表学校全体学生欢迎大家光临我校，希望大家……"

问答式：适用于应试、应聘和公务交往。问答式的自我介绍，应该是有问必答，问什么就答什么。

正确而恰当：你会称呼他人吗

　　称呼指的是人们在日常交往当中，所采用的彼此之间的称谓语。称呼语是交际语言中的先锋官，在人际交往中，选择正确、适当的称呼，反映着自身的教养、对对方尊敬的程度，甚至还体现着双方关系发展所达到的程度和社会风尚。因此选择称呼要合乎常规，要照顾被称呼者的个人习惯，入乡随俗。在工作岗位上，人们彼此之间的称呼是有其特殊性的，则要做到庄重、正式、规范。

　　人际交往中，如何恰当地称呼别人，这是构建和谐人际关系的重要细节，也是尊重别人的具体体现。懂得恰当称呼别人的人，才会让人喜欢。

　　如何称呼别人，是非常有讲究的一件事。用得好，可以使对方感到亲切，给别人留下一个良好的印象。反之，如果称呼不得体，往往会引起对方的不快甚至恼怒，使双方的交流陷入尴尬的境地，导致交流不畅甚至中断。

　　刘女士今年快七十岁了，由于保养得好，看上去比实际年龄要年轻些。她去菜市场买菜，一个新来的年轻姑娘迎上来说："老奶奶，我们家的菜可新鲜了，看看您需要点什么？"

　　没想到刘女士的脸色很难看，没搭理那个姑娘，径直走了。这位姑娘感到很纳闷，不明白是怎么回事。旁边的人悄悄对姑娘说："她不喜欢别人叫她老奶奶，你得叫她阿姨，她就对你热情了。"

　　原来，这刘女士虽然年纪有点大了，但是却不愿意别人叫她

"奶奶"。她经常来这个菜市场买菜，大家都认识她，而这个姑娘是新来的，对此当然不知道。

第二天，刘女士又来买菜，那个姑娘亲热地叫了一声："阿姨，看看我们家的菜吧，便宜又新鲜。"刘女士高兴地凑了上去，看看这个，瞅瞅那个，选了不少菜。

称呼他人是否恰当的重要性，从刘女士身上完全可以看出来。其实，称呼他人是一门极为重要的艺术，若称呼不妥当则很容易让他人产生反感，甚至记恨在心，久久无法释怀。

李艳是一名应届毕业生，刚毕业的她，整天穿梭在找工作的路途中。有一天，她接到了一个面试通知，是应聘行政客服一职的。她准时地来到了该公司参加面试。由于对这项工作的极度渴望，她在考官面前显得太过紧张，有些发挥失常了，就在她从考官眼中看出拒绝的意思而心灰意冷时，一位中年男士走进了办公室和考官耳语了几句。在他离开时，她听到人事主管小声说了句"经理慢走"。李艳灵光一闪，赶忙起身，毕恭毕敬地对他说："经理您好，您慢走!"她看到了经理眼中些许的诧异，然后他笑着对自己点了点头。

第二天，李艳接到了录用通知，她顺利地进入了这家公司的客服部。后来主管告诉她，本来根据她那天的表现，是打算刷掉她的。但就是因为她对经理那句礼貌的称呼，让人事部门觉得她对行政客服工作还是能够胜任的，所以对她的印象有所改观，给了她这份工作。

李艳只因为一个合理的称呼，在面试中转危为安，幸运地得到了一份工作。可见，称呼在社会中特别是在职场中的重要性。在日常交际中，称呼礼仪是打开交际之门的金钥匙，合理的称呼是给交际双方的见面礼，使对方有被重视和尊敬的感觉，它可以为之后的交谈提供良好的铺垫。

既然称呼如此重要，那么在交往当中就要注意慎重地选择称呼。一个会说话的人，在对别人的称呼上是绝对不能马虎的，总结起来，有以下几个原则：

1. 要看对方年龄

老话说得好："逢人短命，遇货添钱。"意思是说，人家的年龄，要少说三五岁，人家的东西，要往贵了说。如今的老年人都有一种不服老的心理，其中女性尤甚，能喊"阿姨"的就别喊"奶奶"。

另外，还需注意，看年龄称呼人，要力求准确，否则会闹笑话。比如，看到一位二十多岁的妇女就称"大嫂"，可实际上人家还没结婚，这就会使人家不高兴。如果对方不是年轻的小姑娘，而你又实在不能判定对方有没有结婚，就喊对方"女士"。

2. 要考虑自己与对方的亲疏关系

在称呼别人的时候，还要考虑到自己与对方之间关系的亲疏远近。比如，对你的好朋友或关系较好的同事，直呼其名更显得亲密无间，欢快自然。若是你见了多年未见的人，直喊"先生"或"女士"反而会把关系疏远。当然，为了打趣故作"正经"，开个玩笑，也是可以的。

在与多人同时打招呼时，更要注意亲疏远近和主次关系。一般来说以先长后幼、先上后下、先女后男、先疏后亲为宜。

3. 要考虑对方的职业

称呼别人的时候还要考虑到别人的职业。对不同职业的人，应该有不同的称呼。比如，对农民，应称"大爷""大娘""老乡"；对国家干部和公职人员、对解放军和民警，最好称"同志"；对医生应称"大夫"；对教师应称"老师"；对刚从海外归来的港台同胞、外籍华人，要称"先生""太太"。

4. 要注意区域性

有些称呼，具有一定的地域性，使用不通行的称呼就会带来麻烦。比如山东人喜欢称呼"伙计"，但南方人听来"伙计"肯定是"打工仔"。中国人经常把配偶称为"爱人"，在外国人的意识里，"爱人"是"第三者"的意思。

5. 要注意场合

有些称呼在正式场合不宜使用。例如，"兄弟""哥们儿"等一类的称呼，虽然听起来亲切，但显得档次不高。

总之，恰当的称呼能使交际得以顺利进行，不恰当的称呼则会造成对方的不快，为交际造成障碍。要想成为一名受人欢迎的人，就要根据对方的年龄、职业、地位、身份，以及同对方的亲疏关系和谈话场合等一系列因素选择恰当的称呼，借此提升自己的魅力指数以及亲和能力指数。

成功拜访有讲究

在工作和生活中，我们经常要去拜访他人，有时是陌生人，有时是熟人，有时甚至是名人。为了顺利完成我们的拜访，我们必须有所准备，不打无准备之仗，最重要的是要懂得拜访时怎样说话，说什么话，以及说话时要注意的事项。这是登门拜访必备的技巧，决定着你是否能够成功拜访。

如果你是一名销售人员，你首先要明白你拜访客户目的是什么？有人说是为了与客户建立共识，有人说是了解客户需求，有人说是为了客户更好地认同自己的公司、认同自己的产品，有人则说是为了成交。无论哪类说法，拜访的最终目的都是为了把产品更好地推销出去。所以，对于销售人员来说，每个人都希望既能让客户对自己产生好感，又能让客户坦然接受所推销的产品。然而，客户却不这么想，他们最讳的就是销售人员的直接推销。因此，你是否懂拜访礼仪，能否说好话，是拜访成功的关键所在。

我们往往在谈论某个成功者时，有时会发出感叹：那家伙真会说话，人们都很喜欢他。可见说话对于每个人是非常重要的，对于销售员来说当然是更加重要。很多销售员在和客户谈业务的过程中，很不会说话，引起客户的反感，自己还不知道，结果被客户三两句话就打发掉了。下面就是我们拜访时要注意的事项：

1. 选择对方方便的时间去拜访。一般可在假日的下午，或者平时晚饭后，要避免在吃饭或休息的时间造访。拜访前尽可能预先告知，约定一个时间。约定后不能轻易失约或迟到。如不能到达，要及早通知对方并表示歉意。

2. 拜访时先敲门，即使门开着也不能轻易进入。进门后摆放着随身携带的雨具外套要放到主人指定的地方，不可任意乱放。对室内的人无论认识与否，都要起身打招呼。如果你带孩子或其他的人要介绍给主人，并叫孩子如何称呼。主人端上茶来，应从座位上欠身，双手捧接，并表示感谢。有要事要向主人商量或请教时，要尽快辨明来意，不要东拉西扯，浪费时间。如果是公务拜访，当你到达时，告诉接待员或者助理你的名字和约定的时间，递上你的名片以便助理能够方便通知。冬天穿外套的话，如果你脱下接待没有告诉你外套可以放在哪里，你就要主动问一下，切忌随意放置。

3. 在我们做拜访交流时，一定要学会叙述简明扼要。当我们和客户见面时，无论是自我介绍还是介绍产品，都要简明，最好在两句话内完成。比如：我是珠海市利万物贸易有限公司的总经理黄勇，知道你对我公司的电子防潮柜系列产品感兴趣，特意来拜访想听取您的意见。特别要注意的是：在利万物（公司名）黄勇（自己的名字）电子防潮柜（产品名）要用重音。要引起对方的提问。语速一定要缓慢不拖沓．说话时一定要看着对方的眼睛，面带微笑。

4. 如果主人是年长者或者上级，主人不坐自己不能先坐。主人让座后要口说谢谢。然后采用规矩的礼仪坐姿坐下。主人递上烟茶要双手接过并表示感谢。即使在最熟悉的朋友家里，也不要过于随便。如果是商业拜访，对方在说话时，不要随便打断对方的话；也不要随便就反驳对方的观点，一定要弄清楚对方的意图后在发言。有些人经常不等对方说完话或者没有弄清楚对方的观点，就开始插话反驳，结果弄成了一场电视辩论会，引起客户的极大反感，订单自然没有谈成。做拜访一定要时刻牢记自己的任务，是为了销售产品。有时客户对你的产品的贬低是一种习惯性的发泄，你只要认真地听他发泄，不时地表示理解，最终会赢得客户的好感，再谈产品的订单时就容易多了。

5. 认真回答对方的提问。自己非常清楚的要做肯定回答，不太清楚的，可以直言不讳地告诉客户，我会把这个问题记下来，搞清楚后回答你。千万不要不懂装懂，也不要含糊不清的回答。更不要说些废话避开客户的问题，回答客户的问题时也要注意，不要做绝对回答，如：我们的质量绝对没问题，我们的服务绝对一流等，我们都知道有一个常识：天下没有绝对的事情。不要把自己的语言绝对化。

6. 尽量不要用反问的语调和客户谈业务。有些销售员在面对客户的恶意问题时，以血还血以牙还牙，恨不得一连串的反问，把客户驳倒。却适得其反，客户被驳倒了，订单也丢了。我们应该微笑着说：我非常理解你的意见，你能否让我做更进一步的说明，一定令你满意。我们不能由于客户的不理智，自己也变得不理智。

7. 学会赞扬你的客户。对于你的客户的合理要求和专业知识，你要发自内心的赞扬。比如：您真的很专业，希望今后向您学习。也请您今后多多指教。会赞扬别人的人更容易成功。

8. 离开时要主动告别，起身告辞时，要向主人表示"打扰"歉意。如果主人出门相送，拜访人应回身主动与主人握别，说"请留步"。待主人留步后，走几步再回首挥手致意，热情说再见。

看望病人：说话要有分寸

无"礼"寸步难行，有"礼"走遍天下，每个场合都要求每个人遵守一些必要的礼节，因为礼节是人类文明和进步的重要标志。即使你是去看望病人，同样说话要有分寸。

人食五谷杂粮，生病住院是不可避免的。家人、亲戚、朋友或同事如果生病住院，你免不了要去探望，给他们带去安慰和祝他们早日康复的意愿。探望病人的方式得当，会给病人增添战胜疾病的信心和精神上的安慰。反之，则会给病人增加不必要的心理痛楚。

探望病人时遵守基本的礼仪是必不可少的。

探望病人之前，应当对病人所患的疾病和病情有所了解。如探望患传染病的病人，像传染性肝炎、伤寒、痢疾或流行性脑膜炎、流感、肺结核等呼吸道传染的病人时，要尽量避免接触病人的用具、衣服，更不要带小孩去医院。

探望病人最好避开休息时间，以免干扰病人休息。目前，探病的礼品大致有鲜花、水果及食品之类的东西，其中，以水果和鲜花，尤其是鲜花为最佳。

再者，进入病房看望病人，应遵守规章制度。要在医院允许的探视时间范围内，才能进入病房探望病人。否则，既破坏了医院正常的工作秩序，又影响了病人的治疗和休息。

探望病人时，切忌言行举止不当。由于特殊的心理状态，人在患病期间显得相当敏感。因此，探望病人时，如果言语不慎或举止不当，往往会给病人增加思想负担，甚至更大的精神压力。

进房时要先敲门，让病人感到自己仍然受别人的尊重。看到病床周围的医疗器械或药品等，不要大惊小怪，那样会使病人增加一种无形的压力。见到病人要像平时一样握手（不宜握手的病除外），亲昵的表示常能传达出言语不能表示的情感。同时要记得尽快落座，站在床前会使病人产生紧迫感，因此要尽快找一把椅子挨着床边坐下。

探望病人时，最忌的是说些增加病人负担的话，应该尽量让病人减轻心理压力。探望重病人，一定要同家属、医生口径一致，不可轻易当病人的面泄露"天机"，以免影响治疗效果。说话时要看着病人的眼睛，不要东张西望，使病人感到你在真心实意地关注他。同时要注意问话，比如不要问："你怎么啦？"最好问："今天感觉好多了吧？"更不要夸夸其谈。在闲谈中，始终要让病人处于"主导"地位，有时可让病人多说几句。要懂得有分寸地用乐观的话语鼓励病人，不可提及使病人不愉快或伤害病人自尊心的事情，因为病人需要的是安慰和鼓励。

探望病人时间不宜拖沓，一般以15分钟为好。时间太长，会影响病人休息。

谦辞和敬语请勿乱用

社会上，我们每天和朋友、邻里、同事、领导之间难免有话要说。说什么、怎么说，什么话能说，什么话不能说，都有"讲究"。要把自己培养成一个有礼有节的人，在说话的时候一定要懂得礼貌用语。

平时我们经常要用到的礼貌用语，就是谦辞和敬语，谦辞包括鄙人、在下、犬子、寒舍、拙作、献丑、贱内、拙荆等，敬语包括令堂、尊驾、大作、墨宝、府上等，这些用语虽然对象不同，方向不同，但都是表示尊敬礼貌谦虚的意思。

比如我们用得最多的口头"敬语"，都有表示对人尊重之意。如"请问"，有如下说法：借问、动问、敢问、请教、借光、指教、见教、讨教、赐教等，如"打扰"也有如下词汇：劳驾、劳神、费心、烦劳、麻烦、辛苦、难为、费神、偏劳等委婉的用词。如果我们在说话时记得使用这些词汇，相互间定可形成亲切友好的气氛，减少许多摩擦和口角。

多用"谦辞"，令人满面春风

谦辞就是自谦的话，使用正确的谦语能使对方与自己的距离缩短，为彼此的谈话奠定基础。在社会上与人相处时，如果不会正确使用恰当的谦语，就会对自己造成不利的影响，引起别人的猜忌、困惑或反感，甚至使别人误会了自己的好意，从而给人留下不佳的印象，因此要格外谨慎地使用谦辞。

语言是思想的衣裳，它可以表现出一个人的高雅或粗俗。如果你要接通情感的热流，使社交畅通无阻，就应得体地运用礼貌谦辞和敬语。

很早以前，有位士兵骑马赶路，至黄昏时还找不到客栈，倏地见前面来了位老农便高喊："喂，老头儿，离客栈还有多远？"老人回答："五里！"士兵策马飞奔十多里，仍不见人烟。"五里、五里"他猛地醒悟过来，"五里"不是"无礼"的谐音吗？于是他掉转马头赶回来亲热地叫了一声："老大爷"。话没说完，老农说："你已经错过路头，如不嫌弃，可到我家一住。"

不难看出，交际谈话中如能用礼貌语言，就会让人感到"良言一句三冬暖"，使人与人之间的感情很快地融洽起来。礼貌语言很多，例如：您好，谢谢，请，对不起，别客气，再见，请多关照，等等。

在我国，同人打招呼常习惯问："你吃饭了吗？你到哪里去？"似乎太单调，也有点不雅致，在这方面，我们应丰富自己的礼貌语言。如见面时称道"早安""午安""晚安""你夫人（先生）好吗""请代问全家好"等。语言务必要温和亲切，音量适中。若粗声高嗓，或奶声奶气，别人就难有好感。运用礼貌语，还要注意仪表神态的美，当你向别人询问时，态度尤其要谦恭，挺胸腆肚，直呼其名，或用鄙称，必遭人冷眼，吃"闭门羹"。

在交往中得体地使用礼貌语言和谦辞，可以给对方留下良好的印象。你和他人相见，互道"你好"，这再容易不过。可别小瞧这声问候，它传递了丰富的信息，表示尊重、亲切和友情，显示你懂礼貌，有教养，有风度。

敬语中，"请"字功能很强，是语言礼仪中最常用的敬语，如"请""请坐""请进""请喝茶""请就位""请慢用"等。"请"字带来了人际关系的顺利进展，交往的顺利进行。美国人说话爱说"请"，说话、写信、打电报都用，如请坐、请讲、请转告。传闻美国人打电报时，宁可多付电报费，也绝不省掉"请"，因此，美国电话总局每年从请字上就可多收入一千万美元。美国人情愿花钱买"请"字，我们与人相处，说个"请字"，既不费力，又不花钱，何乐不为？

英国人说话少不了"对不起"这句话，凡是请人帮助之事，他们总开口说声对不起：对不起，我要下车了；对不起，请给我一杯水；对不起，占用了您的时间。英国警察对遵守司机就地处理时，先要说声"对不起，先生，您的车速超过规定"。两车相撞，大家先彼此说对不起。在这样的气氛下，双方自尊心同时获得满足，争吵自然不会发生。

成功人士说话非常注意用礼貌语言，如：你好、请、谢谢、对不起、打搅了、欢迎光临、请指教、久仰大名、失陪了、请多包涵、望赐教、请发表高见、承蒙关照、谢谢、拜托您了，等等。多用谦辞，确实令人心花怒放，满面春风。

正确使用敬语，让人流露敬意

敬语是一个人身份修养的标志。在社交场合，敬语使用错误，会非常难堪。例如，请别人替你服务时，要加上"请"或"某先生"。尤其是在交谈中，称呼对方的父母，应该说"伯父""伯母"，直接说"你爸爸""你妈妈"当然也可以，但缺乏高雅的气质。一个有教养的人，不应该忽略这些。

同样一个意思，会因讲法不同，而给人完全不同的感受。例如，前面有人挡住你的去路，如果你说："让开！让开！我要过去！"或许换来的只是不屑一顾的白眼。如果你能使用敬语，客气地说："先生，对不起，麻烦您让一下路好吗？"对方一定会马上让开，面带笑容地让你过去。而且，敬语也应适当地使用，否则，可能会得到相反的效果。这种习惯在平常就应好好地培养。只要你养成习惯，对别人时常存有尊重的意念，那么敬意就会很自然地流露出来，不需要使用太多的敬语。例如，上司有事叫你来，你不需使用敬语，只要很自然地含笑点个头，问："有什么事吗?"那你的敬意就很自然地流露出来了。

莎士比亚说："要是你想要达到自己的目的地，你必须用温和一点的态度向人家问路。"中国自古就有"礼仪之邦"的美称，加上一些传统的敬语与谦辞，使这种文化更显蓬勃。在适宜的场合，我们若能适当地用一些传统的敬语与谦词，既能够显示出一个人的修养，又能让对方产生好感，更利于有好人缘。如:

初次见面说"久仰"，久别重逢说"久违";
请人批评说"指教"，求人原谅说"包涵";
求人帮忙说"劳驾"，求人方便说"借光";
麻烦别人说"打扰"，向人祝贺说"恭喜";
请人看稿称"阅示"，请人改稿说"斧正";
求人解答用"请问"，请人指点用"赐教";
托人办事用"拜托"，赞人见解用"高见";
看望别人用"拜访"，宾客来至用"光临";
送客出门说"慢走"，与客道别说"再来";
陪伴朋友用"奉陪"，中途先走用"失陪";
等候客人用"恭候"，请人勿送叫"留步";
欢迎购买叫"光顾"，物归原主叫"奉还";
对方来信叫"惠书"，老人年龄叫"高寿";
自称礼轻称"菲仪"，不受馈赠说"反璧"。

上面这些客套话，都属敬语和谦辞，如果能恰当运用它们，会让人觉得你彬彬有礼，很有教养。它可以使互不相识的人乐于相交，熟人更加增进友谊；请求别人时，可以使人乐于提供帮助和方便；发生矛盾，可以相互谅解，避免冲突；洽谈业务时，使人乐于合作；在批评别人时，可以使对方诚恳接受。

有些敬语或谦语是把日常使用语进行文雅化的修饰，而使之成为日常通用的谦让语。比如，把"我家"说成"寒舍"，把"我到您那儿去"说成"我去拜访您"，把"请您看看"说成"请您过目"，把"我认为"说成"以我的肤浅之见"，把"您收下"说成"请笑纳"等，都是这样的。

家中有客人来访时，端出茶点向客人说："你吃不吃？"这是很无礼的，应泡茶一杯，说："请您尝尝看。"或说："请您慢用。"这才较为合适。

值得注意的是，敬语和谦辞不可滥用。如果大家在一起相处很久了，特别是非正式场合中，有时就可不必多用谦让语。熟人之间用多用滥了谦让语，反而会给人一种迂腐或虚伪之感。

特定场所切忌乱说话

俗话说得好："到什么山，唱什么歌。"谈话也是这样，场合对谈话具有限制作用，有些话在这个场合能说，在另一个场合却不能说。

西方谚语说得好：说话合乎场景，如同金苹果落在银网子里。说话，只有在恰当的场合说得体的话，才能产生"话"半功倍的效果，否则，不顾场合乱说话，口无遮拦，言语冒失，只会惹人厌烦，伤害他人，甚至惹起祸端。

简单说来，场合有庄重和随便之分，有正式和非正式之别，有喜庆和悲伤之异，这就要求我们针对不同的场合，说适宜的话。倘若不顾场合乱说话，就算不会惹祸上身，也难免招人厌烦。

《三国演义》中，有这样一则发人深省的故事：

官渡之战前，许攸投奔曹操，献了一系列妙计，为曹操击败袁绍，夺得河北之地立下了赫赫功劳。但是，在曹军占领冀州城后，一次聚会，许攸却当着曹操众多部下的面，直呼曹操小名，说道："阿瞒，不是我献计，你能得到这座城池吗？"曹操部将许褚大怒，拔刀杀了许攸，曹操事后也只是责备了几句。

许攸因为一句话而死于非命，教训不可谓不深刻。许攸不懂得说话一定要看场合的道理，在庄重的场合，当着众人的面，说话大大咧咧，一点不顾忌曹操的面子，触怒了曹操部下，终于惹来杀身之祸。虽然曹操本人当时没有说什么，想必心中也早已动了杀机。

由此看来，许攸被杀，是因为在庄重的场合说了随便的话。

在日常生活中，也不乏说话不看场合的例子——

小赵和小李是同事，平时关系不错，在一起时总爱嘻嘻哈哈地开开玩笑。有一次，小李病重住院了，小赵去看望他，一见面就说："平时，我去健身房锻炼身体，总叫你一起去，可你就是不去。就你这体格，我看这次要玩完！"话音刚落，小李脸色煞白，生气地说："你说什么呢！"把他赶了出去，此后见了小赵也爱理不理的了。

小赵虽然是小李的好朋友，他在说那番话时也可能并无恶意，只是想促使小李"猛醒"，让他认识到锻炼身体的重要性，可是他在人家病床前非但不温言安慰对方，反而说那样的晦气话，就不免让对方听来分外刺耳。小李会想：你这是专门跑来咒我的吧？看，因为"场合观念"淡薄，小赵一句话就几乎葬送了两人多年的友情。

不难看出，小赵被小李责怪，是因为在悲伤的场合说了不吉利的话。

当然，说话不看场合的情形远不止以上三种。例如在公开场合说一些只适合私下里说的话等，同样犯了说话不看场合的毛病，这里就不一一列举了。可见，不会说话的人，随心所欲，不注意场合，冒失开口，出语生硬，结果，小事也能变大事，没事也能变有事。那些不看场合的话，就好比火上浇油，雪上加霜，既伤人又害己。

比如在办公室里，就有一些禁忌话题，不能乱说。

一、忌说家庭财产之类话题：家庭财产之类的私人秘密，并不适合随口与人说。就算你刚刚新买了别墅或利用假期去欧洲玩了一趟，也没必要拿到办公室来炫耀，有些快乐，分享的圈子越小越好。被人妒忌的滋味并不好，因为容易招人算计。

二、忌说薪水问题类话题：很多公司不喜欢职员之间打听薪水，因为同事之间工资往往有不小差别，所以发薪时老板有意单线联系，不公开数额，并叮嘱不让他人知道。同工不同酬是老板常用的手段，用好了，是奖优罚劣的一大法宝，但它是把双刃剑，用不好，就容易促发员工之间的矛盾，而且最终会掉转刀口朝上，矛头直指老板，这当然是他所不想见的，所以对"包打听"之类的人总是格外防备。

三、忌说私人生活类话题：无论失恋还是热恋，别把情绪带到工作中来，更别把故事带进来。办公室里容易聊天，说起来只图痛快，不看对象，事后往往懊悔不迭。可惜说出口的话泼出去的水，再也收不回来了。再说，把同事当知己的害处很多，职场是竞技场，每个人都可能成为你的对手，即便是合作很好的搭档，也可能突然变脸，他知道你越来越容易攻击你，你暴露的越多越容易被击中。

四、忌说个人职场野心类话题：在办公室里大谈人生理想显然滑稽，打工就安心打工，雄心壮志回去和家人、朋友说。在公司里，要是你没事整天念叨"我要当老板，自己置办产业"，很容易被老板当成敌人，或被同事看作异己。如果你说"在公司我的水平至少够副总"或者"35岁时我必须干到部门经理"，那你很容易把自己放在同事的对立面上。在这个社会上，做人要低姿态一点，是自我保护的好方法。你的价值体现在做多少事上，在该表现时表现，能人能在做大事上，而不在大话上。

第五章　好好说话为爱情和婚姻 "镀金"

　　这世上，谁都渴望拥有美好的爱情，美满的婚姻，不过有情无情缘深缘浅，这就要看个人的造化了，而造化的关键就在嘴上。恋爱是靠嘴谈出来的，婚姻的稳固也离不开嘴的 "经营"，拥有好的口才是恋爱和婚姻成功的保证。尤其是男女双方在刚刚踏入爱河时，由于彼此之间不熟悉，所以说话时一定要注意技巧，只有会欣赏、会赞美才能为自己的爱情和婚姻 "镀金"。

初次见面如何说话

在初次见到异性时，由于初次见面的重要，所以有许多人往往不知所措，不知如何开口，自然无法和异性就一些话题进行更深的交流。即使原本健谈、幽默和风趣的人有时也会变得木讷、寡言甚至手足无措。这种现象在生活中已经见怪不怪了。

那么，初次与恋人见面究竟要说些什么，或者如何说，都有哪些讲究？下面将为大家介绍一些可以减少犯错，取得最好效果的对话方式。

1. 男性主动说话是礼貌

其实，初次见面大可不必那么紧张，也不要封闭自己的感情和心灵，如果你觉得对方不错，就大胆地向对方表示自己的真心。

在任何场合，男性都要主动向女性打招呼、问好，这是男性应有的礼貌，如果男性主动开口，并尽量展开话题，就不会出现冷场。比如，一位姓张的小伙经人介绍与一位姓李的姑娘相识，在一个星光灿烂的夜晚，他们见了面。小张首先开口说：

你好！我已经等了你很长时间了，真怕你突然改变主意不来了，那我就惨了。现在你来了，真的要谢谢你。你觉得我的第一印象怎么样？首先在外观上能及格吗？我这个人最大的缺点就是不会收拾装扮自己，所以迫切想找一个贤内助帮我料理收拾。如果……

小张就是很自然地就展开了话题，并且不断地诱发姑娘说话，他从话中也就了解了姑娘的兴趣爱好，对她有了初步的印象。

2. 一切从赞美对方开始

在这个社会上，任何人听到有人谈论自己的问题，都会更加集中精神去倾听，何况还是赞美自己的话。称赞在引起对方注意的同时，会使对方的心情感到非常愉快，从而给打开心扉提供了一个好的契机。我们看看这个小伙子在初次见面时是怎么赞美对方的：

初次见面，我觉得有些紧张，但一走近你又不太紧张了，因为你给我的感觉不一样，你的眼睛非常漂亮，鼻子竟然能够如此的完美，你的围巾也非常漂亮，和发型非常相称。

可以想象，女孩听了小伙子这一番开场白，会很开心的，之后的交谈自然会更融洽。

3. 谈话要一点一点地深入

从谈论外貌开始，然后逐步开始谈论对方的性格，当然你要提及的只是那些你自己感受到的对方性格中的优点而已。接着还要谈论一些对方关心的话题，如运动、电影、旅游、兴趣爱好等，提出问题，并和对方进行讨论，适时地发挥你的幽默感。比如：

跟你聊了一会，我发现：你不仅心地善良，而且性格也非常好；我非常钦佩你对事业的热情；我觉得你非常温柔；我很喜欢你的直爽；没想到你长得这么漂亮，还那么善解人意！

这个时候也不妨作一点自我推介，但是要注意，既不要过于炫耀自己，也不要说类似抱怨的话，你要在对方的脑中勾画出两人交往后幸福的场景，同时把自己的优点用暗示的方式表达出来。

4. 避免直接的表白

初次见面，你尽可以发挥你的幽默口才，逗得对方发笑是最好的效果。你如果不擅幽默，说一些诚实的话也没关系，但你一定不要直白地表露你的情感。像"我觉得我跟你很般配""我很喜欢你""我该怎么办啊""我好想跟你交往"之类的话，切忌在初次见面的时候就说出口。当然，模棱两可的话不妨说说，因为你初次见面还不确定是否要和对方交往，要给自己一些余地。如果今后觉得满意的话，可以将当初还是比较犹豫，但后来在接触过程中越来越喜欢这一变化过程告诉对方。比如，你可以说："有时候我自己也不太了解自己……"等，制造让对方觉得模棱两可的烟幕弹。

5. 需要回避的话题

宗教或民族的话题，最好不谈，因为你还不能完全了解对方；

前女友或前男友的话题不要谈，因为过于敏感，怕引起不必要的情绪；

可能引起对方自卑感的话题不能谈，比如对方的身体缺陷等；

粗话、坏话不要讲；

过分炫耀自己的能力和钱财的话最好不讲；

无知的话、过时的笑话都不要讲。

如果对方在和你同一个空间范围内（比如在固定的时间可以遇见，在同一个地方上班，因为某些事情会经常见面），与其对她直接表白，不如将自己优秀的一面间接地传达给对方，比如，亲近她的朋友；出色地完成一个她所了解的任务；在她面前展示自己不同的形象等。

如果是通过相亲或者联谊活动结识的异性，在初次见面时有必要尽情地在对方面前展示自己最好的一面，如果抱着以后可以做得更好，穿得更加体面的想法，只会让自己感到后悔。因为初次见面时犯的小错误，可能会导致对方根本不给你再次见面的机会。

6. 求爱何妨幽默一点

日本幽默家秋田实认为，幽默是爱情的催化剂。那么，究竟应该怎样向恋人表露自己的爱慕之情呢？这既没有固定的程式可循，也没有现成的话语可套，不过，你不妨运用幽默的求爱方式，即使不能情场得意，至少，也不会给以后的交往造成障碍，还可以保留一份美好的回忆。

比如，当你将一种语体的表达改变为另一种完全不同风格的语体来表达时，常常会让人忍俊不禁。用这样一种方式来向对方求爱，会让对方在轻松愉悦之中欣然接受。电影《阿飞正传》中就有一段很有创意的幽默情话：

在一个慵懒的下午，阿飞对着苏丽珍说："看着我的表，就一分钟。16 号，4 月 16 号。1960 年 4 月 16 号下午 3 点之前的一分钟你和我在一起，因为你我会记住这一分钟。从现在开始我们就是一分钟的朋友，这是事实，你改变不了，因为已经过去了。我明天会再来。"

这样幽默又创意的情话，相信没有几个人可以抵挡得了吧！反正苏丽珍没有，下面是她的内心独白："我不知道他有没有因为我而记住那一分钟，但我一直都记住这个人。之后他真的每天都来，我们就从一分钟的朋友变成两分钟的朋友，没多久，我们每天至少见一个小时。"

现实生活中也有这样的例子，有一个男孩就是用这种新颖的赞美方式，射中了自己的"白雪公主"，并娶其为妻。妻子幸福地诉说他们浪漫的爱情：

"当我在一所大学里做兼职银行出纳员时，一个漂亮的小伙子几乎每天都要到我的窗口来。他不是存款就是取钱。直到他把一张纸条连同银行存折一起交给我时，我才明白他是为了我才这样做的。'亲爱的婕：我一直储蓄着这个想法，期望能得到利息。如果周五有空，你能把自己存在电影院里我旁边的那个座位上吗？我把你可能已另有约会的猜测记在账本上了。如果真是这样，我将取出我的要求，把它安排在星期六。不论贴现率如何，做你的陪伴始终是十分愉快的。我想你不会认为这要求太过分吧，以后再来同你核对。真诚的杰。'我无法抵制这诱人、新颖的求爱方式。"

只要你肯扬长避短，在与对方的交往中，在言辞上花一些工夫，以幽默风趣的谈吐，制造出一种活泼宽松的交际氛围，不知不觉中，你就会获得对方的青睐。可以这么说，如果爱情中没有幽默和笑，那么爱还有什么意义呢？甚至有人说，爱就从幽默开始。

事实上，情书是用来表达内心的真挚情意，让对方看了能满心欢喜或感动不已，所以必须写得深情款款，才能打动心弦、赢得芳心。情书也是一种极为强烈的"印象装饰"，因它企图通过优美的文辞和修饰过的语句，来抒发情感并打动对方的心。幽默的求爱、求婚方式，似乎更有魅力，更富于使人心动的浪漫情趣。下面是一则情书幽默：

有一位男青年在给女友的信中说："昨夜，我梦见自己向你求婚了，你怎么看呢？"

他的女友巧妙地回答："这只能表明你睡眠时比醒着时更有人情味。"

求爱时，写情书好比投石问路，试探对方对自己究竟有没有那种意思，如果过于庄重严肃，一旦遭到回绝，势必在情感上一时承受不了，会陷入痛苦之中。如果恰当地运用幽默的技巧，以豁达的气度对待恋爱问题，即使得不到爱，也不至于懊悔，同时也避免了自尊心受到创伤。

在恋爱方面，常常有人因为不知道如何求爱，或因方法不当，或因言语不得体，使对方产生误解，甚至厌恶反感，结果造成"不成情人成仇人"，把本应是一件美好的事情变成了一件非常糟糕的事情。

要想获得对方的好感，并进一步转化为爱情，首先要有一颗真诚的心和诚挚的情趣，更需要机智与幽默的表达。爱的表达是需要一些技巧的，需要花费一番心思，即考虑怎样获得对方的好感与信任，再考虑怎样将好感巧妙地转化为爱情，而不是一味地死缠硬磨，使人厌恶。制造好感是求爱的准备工作；运用新奇幽默的方式向对方求爱则可收到良好的效果。

欣赏是爱情的外包装

夫妻之间，最终的追求莫过于"执子之手，与子偕老。"可是，在当今社会里，男女交际越来越频繁，在红尘喧嚣、灯红酒绿的诱惑下，精神出轨和夫妻感情亮红灯也越来越多。究其原因，其主要是夫妻间交流和欣赏出现了问题。夫妻间在琐碎的天长日久生活中，只有相互包容、信任、鼓励、交流和欣赏，才会有积极健康的心态和良好的生活质量，也才会使夫妻感情日久浓郁。反之，就会导致日久生厌，甚至出现感情障碍。

有人说，婚姻是爱情的坟墓，这是因为结婚以后，夫妻之间除了爱情之外，还必须面对许多纷繁复杂的事情，难免产生意见分歧。这就意味着夫妻双方都肩负一项艰巨使命：维系情感，强化情感，要及时解决情感中出现的矛盾及化解可能出现的危机，不然就可能出现问题。

怎样维系和强化情感？最重要的一条就是要相互欣赏。没有欣赏，爱情必定会在日复一日的烦琐日子里渐渐褪色。

有个女子向法院提出离婚要求，理由是："他不如以前爱我了。"证据是他们之间从相识、恋爱、结婚直到婚后的十封信件。

"初次相识时，他称我为'亲爱的'；恋爱时他称我为'最亲爱的'；热恋时他叫我'最最亲爱的'；可结婚后他便对我直呼其名了。"

不论这位女子的观点是否偏激，总之意味着这对夫妻维系情感方面出了问题。所以，在家庭的日常生活中，特别是双方有了不同意见之后，用柔情的暗示而不是用无理性的指责，尤其应当学会以欣赏的方式交流意见。夫妻之间那种为了鸡毛蒜皮的小事大动肝火，同室挥戈的现象，实在是对爱情的一种犯罪，因为他们自己动手把爱情埋进了坟墓！

请看下面几段话：

在结婚宴席上，人们一定要新郎回答为什么爱上了新娘。他说："我不知道。当初我只是爱上了她的酒窝，因为我贪杯；可我现在要同她整个人结婚。"这样的回答，幽默是幽默了，可是，明显有不和谐音，在婚后生活中，如果不处理好关系，可能这段幽默就会成为破裂的开始。

结婚喜宴尚且如此，婚后生活中肯定会发现对方的某些不足之处，例如，妻子劝说爱打桥牌的丈夫："你不要再这样打牌了，熬夜对身体的害处实在太大！"

丈夫说："打桥牌实在是一种健康的游戏，因为要通宵地打，如果身体不健康，哪能做到呢？"虽有幽默感，却对妻子的关爱毫无欣赏之意，长此以往，我行我素，能不产生隔阂吗？

除了对方的不足之处以外，更麻烦的是双方意见的不合：

一对夫妻看着刚贴好的壁纸，丈夫不太满意，而妻子却无所谓。因此，丈夫很恼火，对妻子说："咱们的分歧，就在于我是个要求完美的人，而你却不是。"

"说得对极了。这就是为什么你娶了我，而我嫁给你。"妻子的话虽然出了一口气，但如果老是针尖对麦芒，不仅夫妻关系不融洽，而且也埋下了不和谐的种子。

夫妻双方意见的不合是常有的事，甚至吵架也是不可避免的，关键是要时时懂得相互欣赏，才不至于同床异梦。有人说，夫妻间最重要的不是物质享受，而是精神享受，互相欣赏。也有人说过，爱情像一笔存款，相互欣赏是收入，相互摩擦是支出，互相忍让是节约开支。这样的比喻是十分形象与贴切的。

英国前首相撒切尔夫人，号称"铁娘子"，她在担任英国首相期间，事业正处巅峰期，真可以说是忙得团团转。但是她非常注意处理好事业和家庭的关系，在外是精明强干的首相，居家则是一位难得的贤妻良母，做到了事业和家庭两不误。可是一般有事业心的人都有体会：事业和爱情有时二者不可兼得，扑进事业里，有意无意就忽视了"那一位"。

英国女王维多利亚，虽然与丈夫阿尔伯特相亲相爱，但由于是一国之君，忙于政务；而阿尔伯特不太关心政治，对社交缺乏兴趣。因此，有时也难免闹别扭。一天，女王办完公事，深夜回到卧房，见房门紧闭，她就敲起门来。

房内阿尔伯特问："谁？"

门外女王回答："我是女王。"

门没有开，女王再敲，阿尔伯特又问："谁？"

门外女王回答："维多利亚。"

门还是没有开，女王徘徊半晌，再敲，阿尔伯特还是问："谁？"

门外女王回答："你的妻子。"这时，门开了，丈夫双手把她接了进去。

不难发现，阿尔伯特还是很欣赏女王的，否则他不会使用这种极为委婉的方法，表示对女王深夜晚归的不满。而不少夫妻，面对一方沉湎于工作，是以责备和争吵解决问题，加剧矛盾。看过电视剧《DA 师》的朋友可能还记得，参谋长赵柞明和妻子之间闹离婚，贯穿了整个剧情，这不能不说是现代生活的某种缩影。

由此可见，欣赏是一道人生绝美的风景，是夫妻间一生相宜、风味独特的景观。只要你懂得欣赏，生活中就会充满阳光，人生处处皆风景，只要心中有风景，只要眼中有风景，你就会被夫妻间最平凡、最普通的风景震撼、感动；花开花落，云卷云舒，只要你珍惜拥有，珍惜现在和懂得欣赏，人生中就会充满雨露，处处都是迷人的风景线，只要你细细地品味，深深地欣赏，你就会闻到夫妻间从未有过的幸福快乐甜蜜的味道……

拒绝爱，请委婉含蓄些

每个人都有爱与被爱的权利，如果对方请人转告或是暗示，希望与你建立恋爱关系，而你的心里对此人并不满意，那当然就要推辞掉。不过，辞爱的语言要恰当，要委婉含蓄，既要把自己的意思表达清楚，让对方没有心存幻想的余地，又不要太不近人情。

尤其是对身边的同事或同学，辞掉对方的求爱更应该注意方寸。如若你当时不加考虑生硬地说"不"，或许若干年以后，你会后悔当初辞掉的除了爱情，还有你并不应该辞去的友情。

有位漂亮的姑娘突然接到一封情书，打开一看，是单位里表现一般的小杨写的。

"癞蛤蟆想吃天鹅肉"，一气之下她把情书贴到了单位饭堂。结果不仅把小杨羞得无地自容，而且原来想追求她的人也都被吓跑了。

三年后，小杨终于找到称心的伴侣，而漂亮姑娘还是孤零零一人。

所以，假如求爱者与你条件相差较远，更要注意辞爱要委婉，不然对人对己都不利。

为防患于未然，如果你不喜欢对方，那么对于对方抱着谈情说爱想法的约会，最好婉言谢绝，让对方明白你的心思，放弃对你的追求。但要注意方式方法，不可伤害对方的自尊心。

某医院的护士小张长得漂亮又机灵，大家都很喜欢她。这天下班，办公室年轻的郑医师对她说："小张，一同去吃饭好吗？

我有一件很重要的事想跟你说。"

小张立刻就明白了"重要"的含义。于是她笑着说:"好哇!我也正好有事情要你帮忙呢。"

郑医师一听高兴极了,放松了心情说:"行,只要是帮你的忙,我一定两肋插刀。"

小张又笑了:"可没那么严重。只不过是男朋友脸上生了几个青春痘,我想问你怎么治疗效果比较好?"

运用这样幽默含蓄的推辞方法,通常情况下都很有效。这时候,被追求的一方如果要拒绝对方的求爱,更应该幽默以对,这样既可以达到自己的目的,也不至于伤了求爱者的自尊。

一位年轻的厨师给他喜欢的姑娘写了一封情书。他这样写道:

"亲爱的,无论是择菜时,还是炒菜时,我都会想到你,你就像盐一样不可缺少。我看见鸡蛋就想起你的眼睛,看见西红柿就想起你柔软的脸颊,看见大葱就想起你的纤纤玉指,看见香菜就想起你苗条的身材。你犹如我的围裙,我始终离不开你,嫁给我吧,我会把你当作熊掌一样去珍视。"

不久,姑娘给他回了一封信,她是这样回复的:"我也想过你那像鹅掌的眉毛,像西红柿的眼睛,像大蒜头一样的鼻子,像土豆似的嘴巴,还想起过你那像冬瓜的身材。顺便说一下,我不打算要一个像熊掌的丈夫,因为,我和你就像水和油一样不能彼此融合,你能明白我的意思吗?"

可见,拒绝别人是一种艺术,委婉含蓄地拒绝别人,既不会让人难堪,更可以达到自己所要表述的意思。

爱情乏了味就得添一把盐

生命是一朵花，爱情是花的蜜，而说说笑笑则是采花酿蜜的蜜蜂。

爱是男女之间的感情交汇。男人和女人是这个世界上最奇妙的存在。怪不得英国著名小说家夏洛蒂·勃朗特说："男人是太阳，女人是月亮。太阳和月亮的光糅在一起，就会组成一个美妙的世界。"

但劳伦斯也说过一句话，徜徉在爱情这个美妙世界里的人有必要记住："世俗生活最有价值的就是幽默感。作为世俗生活的一部分，爱情生活也需要幽默感。过分的激情或过度的严肃都是错误的，两者都不能持久。"这就是说，如果夫妻两人或一个完整的家庭缺少说说笑笑的快乐，这样的婚姻或家庭是不会幸福的。

如果爱情乏了味，我们就得给爱情加把盐。学会开开心心地说说笑笑，就是那把能调出美味的盐。

如何为爱情添一把盐？我们首先要明白，大都时候，女人往往是家庭的统治者，即使她没有在事实上统治家庭，那也要在外表上看起来是这样，以满足她们的统治欲和虚荣心。哪怕是伟人的夫人也不例外。

请看：

一次宴会上，林肯和他的夫人面对面坐着。林肯的一只手在桌上来回移动，两个手指头向着他夫人的方向弯曲。

旁人对此十分好奇，就问林肯夫人："您丈夫为何这样若有所思地看着您？他弯曲的手指，来回移动又是什么意思呢？"

"那很明显，"林肯夫人答道，"离家前我俩发生了小小的争吵，现在他正在向我承认那是他的过错，那两个弯曲的手指表示他正跪着双膝向我道歉呢。"

还有一则故事：

彼得在当匹兹堡市市长的时候，一天，他和妻子兰茜去视察一处建筑工地，一个建筑工人冲着他们叫起来："兰茜，你还记得我吗？读高中的时候，我们常常约会呢！"

事后，彼得嘲弄地说："嫁给我算你运气好，你本来该是建筑工人的老婆，而不是市长夫人。"

兰茜反唇相讥道："你应该庆幸跟我结了婚，要不然，匹兹堡市的市长就是他了。"

女人即使不能统治家庭，她也特别关注自己在丈夫心目中的地位，用各种语言来表达"你爱我吗"的试探，却常常遇到男人机智而幽默的回答。

妻子："我和你结婚，你猜有几个男人在失望呢？"

丈夫："大概只有我一个人罢？"

在现实生活中，怕老婆对男人来说是件不光彩的事，常常被朋友或同事视作笑料。而在社交中有些人却能巧妙地调侃自己，树立自己可爱的形象。因此，"怕老婆"这一主题常能演绎出许多笑话故事。

某新婚夫妇，洞房内贴有家规，上面写着：第一条：太太永远是对的。第二条：如果太太错了，请参阅第一条。

又如下面这段夫妻对话：

妻子："你在外面很少喝酒，为何在家里拼命地喝呢？"

丈夫："我听说酒能壮胆。"

　　而且，能说会笑的人也不怕在众人面前表现自己"怕老婆"。我们来看下面二人的对话：

　　比尔："在公司里你干什么事？"

　　赫德："在公司里我是头。"

　　比尔："这我相信，但在家里呢？"

　　赫德："我当然也是头。"

　　比尔："那你的夫人呢？"

　　赫德："她是脖子。"

　　比尔："那是为什么呢？"

　　赫德："因为头想转动的话，得听从脖子。"

　　如此妙答，当然引得人们捧腹大笑，也间接地暗示了他对婚姻之满意，如果他的夫人真的如传闻的那样，他也许自我调侃不起来。所以，人的精神状态的好坏对说说笑笑是相当重要的。

　　男人喝酒，常常会受到妻子的责骂，如果能巧妙地运用说笑也能很好地解脱。

　　一个酒徒在外面喝多了酒，很晚才回到家。他又忘记了带钥匙，于是只好敲门。

　　妻子怒气冲冲地打开门说道："对不起，我丈夫不在家。"

　　"那好，我明天再来。"酒徒说完，装出转身要走的样子。

　　丈夫的一句说笑，终于使妻子化怒为笑，丈夫通过开玩笑，诱发妻子内心深处对丈夫的怜爱和尊重。这时夫妻两人都不会去扯住喝酒的事不放，而去享受两人之间的情趣。

　　做家务事，也是家庭生活中必不可少的，而许多做丈夫的却是大男子主义，全把家务推到妻子身上，似乎妻子天生愿意做和应该做。其实哪个妻子心甘情愿长期做这单调劳累的家务呢？所以，有心思的妻子应把家务活给丈夫分一点，用自己的智慧往往能使丈夫心服口服地去做，心甘情愿地去做，并且是高高兴兴去做。

请看这位妻子是如何运用说笑让丈夫去做家务的：

妻子："亲爱的，你能把昨天晚上换下来的衣服洗一下吗?"

丈夫："不，我还没睡醒呢!"

妻子："我只不过是考验你一下，其实衣服都已经洗好了。"

丈夫："我也只是和你开玩笑，其实我很愿意帮你洗衣服的。"

妻子："我也是在和你开玩笑，既然你愿意，那就请你快去干吧!"

丈夫此时不得不佩服和欣赏妻子的情趣，高兴地去干不愿干的家务。

当然，如果妻子已把衣服洗了，丈夫受到感动，往后会主动帮妻子做家务，这样家务事带来的不是烦恼，而是一种家庭快乐了。

难怪有人说："没有说说笑笑的家庭就像一个旅店。"这话固然过于偏激，但也说出了夫妻间会说话对于家庭的重要性。且来看下面的例子：

约翰实在无法忍受妻子无休止的唠叨，打算去外面旅店住几天。旅店老板热情地接待了他，并且亲自把他引到了一间房门前。

"先生，您住在这里会发现跟到了家一样。"

"天啦，你赶快给我换间房吧!"

这则故事说明没有说说笑笑的家庭甚至还不如一家旅店。

在家庭中，如果夫妻两个长期说话都一本正经，会产生一种冷漠感，久而久之，两人心理均承受不了。所以，要积极寻找话题，力图笑起来。

如果家庭中有时碰到什么尴尬的事情，也不妨在笑中将其轻轻化解。

有一天，怀孕的妻子指着自己的肚子，向丈夫提出一个伤脑筋的问题："能不能在小孩一出生就看出，孩子长大后会成为什么样子？"

丈夫想了想答道："这很简单。如果是个小姑娘，长大一定是个妇女；如果是个小男孩，长大就是个男人。"

真正要回答妻子的提问，对一般人来说是比较难的，如自作聪明答得不好，又会引起二人心中不快。这里丈夫把妻子本来问的意思转移到男女性别问题上，化成一个非常容易回答的问题，顿时妙趣横生。

而且，作为在一起生活的夫妻俩，要有一定的度量，这样才有说笑话的兴趣；如果顶着个花岗岩头脑，你说得再笑也是白费劲。说笑是要有环境和必要的条件的，条件成熟了，即使是没有文化修养的人，也自然能说会笑。

避开婚姻的杀手：唠叨

有人说，男人的婚姻生活能不能幸福，关键就在于他太太的脾气和性情。就算一个女人拥有全天下的所有美德，然而，如果她脾气暴躁，一点小事就喜欢唠叨不休，喜欢挑剔和个性孤僻，那么她所有的其他美德全都等于零，甚至变成负数了。

社会上有许多男人失去冲动，而且放弃了奋斗的机会，是因为他太太总是对他的每一个希望和心愿猛泼冷水，她永无休止的挑剔，不停地想要知道为什么丈夫不能像她所认识的某个男人那样有许多的钱，或者是她的丈夫为什么写不出一本畅销书，或谋不到某一个好职位。像这样的太太，只会使丈夫丧气。真是这样，唠叨和挑剔带给家庭的不幸，甚至比奢侈和浪费还要厉害。

美国有一位著名的心理学家，他对一千五百多对夫妇进行了详细的调查研究。结果显示，丈夫们都把唠叨、挑剔列为他们太太最大的缺点。盖洛普民意测验也得出了相同的结论：男人们都把唠叨、挑剔列为女性缺点的第一位。测验中也发现没有其他的个性会像唠叨和挑剔那样，给家庭生活带来这么大的伤害。

然而，似乎从远古的穴居时代开始，太太们就想尽办法以唠叨和挑剔的方式来影响自己的丈夫。传说，苏格拉底大部分时间都躲在雅典的树下思考哲理，以这种方式来逃避他那脾气暴躁的太太兰西勃。连法国皇帝拿破仑三世和美国总统亚伯拉罕·林肯这样杰出的大人物，也都受尽了妻子唠叨的痛苦。

自古以来，女人总是想用唠叨的方式来改变自己的丈夫。但是从古至今，这种方法从没有发生过效用，一次成功的例子都找不到。因此，卡耐基才这样说：在地狱中，魔鬼为了破坏爱情而发明的总能成功的恶毒办法中，抱怨和唠叨是最厉害的了。它永远不会失败，就像眼镜蛇咬人一样，总是具有破坏性，总是置人于死命。

所以说，在夫妇生活中，应当特别警惕一些对夫妇关系破坏性最大的因素——抱怨和唠叨。事实上，不少男人离开家庭的原因之一就是因为太太唠叨不停。她们不停地唠叨其实是在慢慢自掘婚姻的坟墓。

社会学家分析说，女人唠叨时尽管有理由，但结果往往是"唠叨"本身破坏了女人一切的合理性，女人由此处于被动甚至更糟糕的境地。破坏女人神秘感的往往是女人的唠叨，而男人最忍受不了的就是女人的唠叨。对于女人的唠叨，如果男人知道错了，你的提醒会让他有一点羞愧，你再说多，会让他们恼羞成怒，他会记不得你唠叨的原因，而你的唠叨反而成为他犯错的依据。生活会教育人的，你不说话不代表你没有话，此处无声胜有声，说的就是这个理。

世界大文豪托尔斯泰的夫人也认识到自己唠叨的极大危害——可是太晚了一点，在她逝世之前，她曾向几个女儿们承认道：是我害死了你们的父亲。她的女儿们也知道她的母亲说的没错，她们知道是母亲以不断的埋怨、永远没完的批评和永远没完的抱怨和唠叨，把父亲害死的。

按常理来说，托尔斯泰伯爵和夫人应该是很幸福的一对。两本巨著《战争与和平》和《安娜·卡列尼娜》奠定了托尔斯泰在世界文学上的地位。但是，托尔斯泰的一生却是一场悲剧，而之所以成为悲剧，原因在于他的婚姻。比如，他的夫人喜爱华丽，但他却看不惯。她热爱名声和社会赞誉，但这些虚浮的事情，对他却毫无意义。还有，她渴望金钱财富，但他认为财富和私人财产是罪恶的事。

许多年以来，由于托尔斯泰坚持把著作的版权一分不要地送给别人，她就一直唠叨着、责骂着、哭闹着。她不顾丈夫的反对执意要拿回那些书所能赚到的钱。当丈夫不理会她的时候，她就歇斯底里起来，在地上打滚，手上拿着一瓶鸦片，发誓要自杀，以及威胁说要跳井。

直到托尔斯泰 82 岁那年，他再也不能忍受家里那种悲惨不乐的情形了，于是在一个下着大雪的夜里，逃离了他的夫人，漫无目的地四处流浪。11 天以后，他因肺炎死在一个火车站里。他临死前有关一个要求，据说是不许他的妻子来到他的身边。

这就是托尔斯泰伯爵夫人唠叨、抱怨和歇斯底里所得到的结果，真是可悲之极。可见，如果你要维护家庭生活的幸福快乐，保持美满婚姻，就必须要远离抱怨和唠叨。如果不想毁掉婚姻，请避免唠叨。

第六章　巧嘴应变，轻松化解不利局面

有道是"来得早不如来得巧"，套用这句话，说话也是"说得好不如说得巧"。真正的好口才，讲究的是"巧"。

所谓"巧"，是指能因人而言，因事而言，当言则言言无不尽，当止则止片言不语。善巧言的人以独特的眼光去审视世界，以特有的智慧去指挥嘴巴。

巧用双关化尴尬

　　我们在日常工作和生活中，忙这忙那，难免顾此失彼，有时还会突然出现意想不到的失误。假如不善于随机应变的，懂巧妙化解的话，就有可能尴尬不堪，大丢"面子"。社会上那些会说话的人，都能根据当时情境，用几句话巧设双关、转移视线，这样不仅能迅速摆脱自己的窘境，而且还能增添情趣、活跃气氛，使你在社会上、在社交场上如鱼得水，永远立于不败之地。

　　这就是说，人们在一些具体的环境中，有时会无意间出现一些尴尬的事情，但是如果你能根据当时的实际情景，灵活地运用双关的语言来处理，反而会有神奇的效果。

　　第二次世界大战期间，英国首相丘吉尔到华盛顿会见美国总统罗斯福，要求美国共同抗击德国法西斯主义，并给予物资援助。丘吉尔受到热情接待，被安排住进了白宫。

　　有一天早晨，丘吉尔正躺在浴缸里，抽着他那特大号雪茄烟。这个时候，门悄然开了，进来一个人，是美国总统罗斯福。首先映入罗斯福眼帘的是丘吉尔大腹便便，肚子露出水面……两位世界名人，就在这样的情形下碰了面，一时间，双方感觉都颇为尴尬。

　　突然，丘吉尔扔掉了烟头，对罗斯福说："总统先生，我这个英国首相在您面前可真是一点也没有隐瞒。"说完两人哈哈大笑起来。

　　丘吉尔这一句风趣幽默又语带双关的话，不仅使双方从尴尬的情境中解脱出来，而且借此机会再一次含蓄地阐述了自己的观点和目的，意外地促进了谈判的成功。

　　可见，灵活机智地运用一语双关也是一种很重要的口才技巧，不过这也要靠平时的语言积累以及睿智的头脑才可游刃有余。

名人都有尴尬的时候，普通人更不例外。尤其是当我们在公众场合失言或失态的时候，可能会给自己造成极大的紧张心理，如果不及时弥补，便会贻笑大方或者使局面不堪收拾。在这种情况之下，怎样把话说得圆滑，使自己摆脱尴尬的境地，不仅需要临危不乱的心理素质，更需要机智高超的说话技巧。

有一次，著名书法家费新我当众挥毫，书写的是唐代大诗人孟浩然的名作《过故人庄》。当他写到"开轩面场圃，把酒话桑麻"一句时，一不留神，漏写了一个"话"字。旁观者看到这里，脸上无一不显出惋惜的神情，以为这只好作废了。可是费新我先生却冷静沉着、泰然处之。他稍稍停了一下，又继续泼墨挥笔。直到写完全诗，才在末尾补上四个小字："酒后失语"。

这样一语双关，既自然巧妙地修正了失误，又明白如话地讲清了造成这种失误的原因，含蓄地表明了歉疚之意。书法家在这时巧用双关妙补救，起死回生，变"废"为"宝"，化腐朽为神奇，显得聪慧机智，难怪这四个字，赢得了众人的啧啧称赞。

有一次，著名诗人莫非应邀到首都师范大学中文系作家班举办学术讲座。诗人讲到自己的诗作时，准备朗诵一段，可诗稿却放在一个学员的课桌上，诗人便走下讲台去拿。由于是阶梯式教室，诗人上台阶时，一不留神一个趔趄倒在第二级台阶上，学员们顿时哄堂大笑。诗人稳住身子，转向学员，指着台阶说："你们看，上升一个台阶多么不易，生活就是这样，作诗亦如此。"这一哲理性的话语顿时赢得了热烈的掌声。诗人笑了笑，接着说，"一次不成功不要紧，再努力！"说着，装着用力的样子走上讲台，继续他的讲座。

可见，在人际交往中，人们有时会因某事突然发生而处于受窘的境地，难以摆脱尴尬时，而一两句双关语却可以使气氛顿时轻松起来，帮自己或帮他人解除窘迫。

在一部小说里有这样一个情节：在一次新婚典礼上，贴在堂上的"喜喜"字突然从墙上飘了下来，刚好落在新婚人的头上。顿时，喜堂上的宾客为之一愣，大家脸上的笑容立即消失，取而代之的是满脸的不快。还是那主持婚礼的小伙子头脑机敏，立即揭起"喜喜"字高声地说道："哎呀，各位亲朋好友，你们看喜从天降，喜上眉梢，双喜临'人'啦！"顷刻，喜堂欢声雷动，一对新人的脸上充满笑意，充满阳光。

巧用双关不仅能帮我们化解尴尬，而且在一些特殊场所还能帮我们惩治坏人，且看下面这个案例：

阿凡提在闹市租了一家店面开理发店，租期为一年。店主仗着店面是他租的，每次剃头都不给钱。

有一天店主又来了，阿凡提照例给他剃了光头，然后边刮脸边问道：

"东家，眉毛要不要？"

"废话，当然要！"

阿凡提嗖嗖两刀，把店主的两道浓眉剃了下来，说："要就给你吧。"

店主气得说不出话来，埋怨自己不该说"要"。

"喂，胡子要不要？"

"不要，不要！"店主忙说。

阿凡提嗖嗖几刀，把店主苦心蓄养的胡子刮了下来，甩到地上。

阿凡提用双关语，把店主惩治得无可奈何。

由此可见，一语双关由于含蓄委婉，生动活泼，话中有话，又幽默诙谐，饶有趣味，能给人以意在言外之感，在某些时候还能惩治像"店主"这样的势利小人，因而经常为人们所使用。

移他的花，接你的木

"移花接木"是我们辩论中常用到的手法，意即巧妙偷换概念以彼之道还之彼身，是自己脱离困境的同时让对方陷入困境之中。在我们日常的生活中，使用移花接木的说话技巧也常有意想不到的效果。

著名的诗人歌德在一条只能通过一个人的小径上散布，迎面过来一个极不友好的人，这人骄横地说："我向来没有给傻瓜让路的习惯。"

歌德听到对方不友好的吼叫，急忙闪到一边，笑容可掬说："我恰恰相反。"

歌德运用了"移花接木法"，一句话就把"傻瓜"的帽子从自己头上摘下，带到对方头上。

有时候，移花接木还可以给别人一个台阶下，让对方在开怀一笑中体会语言的含义。

曾有一对夫妻，结婚已经有十余年了，每个月他们都要给双方父母寄生活费。这件事一直由妻子承办。可是妻子却每个月先给自己的父母寄一百元，给丈夫的父母寄五十元。丈夫一直愤怒在心，却不想因此与妻子闹得不愉快。

以前，丈夫每天下班，什么事都不干，总是要抱抱小儿子，亲抚半天。可这天回家后，他见到一岁半的儿子在摇篮里哭，但他假装什么也没有看见，什么也没有听到，而是一反常态地走到五岁女儿身旁，把五岁的女儿抱了起来。

正在做饭的妻子扭头看到了，急忙喊道："儿子都哭成那样了，你怎么不赶紧哄他？"

丈夫不紧不慢地说："这五十元的，还是你来抱吧！我要抱一百元的。"

妻子一听，脸就红了，以后每个月也给丈夫的父母寄一百元了。

聪明的丈夫风趣而又不失原则地请妻子进入了自己所预设的"圈套"，没有长篇累牍地发牢骚，却弦外之音地暗示了事情的实质和自己的不满情绪，从而巧妙地达到了说话的目的。

运用移花接木的说话艺术，关键的往往只有一句话，但这一句话往往紧紧扣住了对方的言行，所以分量很重，使对方几乎没有反击的余地。

一个被指控酒后开车，并被判拘留一周的司机，在法官面前申诉说："我只是喝了些酒，并没有像指控书里说的那样醉了。"

法官微微一笑，说："正因为这样，我们没有判处你监禁七天，而只判拘留你一个星期。"

法官的解释，既回避了司机的无理纠缠，又让司机懂得，对司机来说，"喝了酒"开车与"喝醉了酒"开车的区别，就如"监禁七天"和"拘留一星期"的区别一样。只不过说法不同而已。

一位长官到连队视察，正赶上士兵们吃中午饭。

"伙食怎么样？"长官问士兵们。

"报告长官，汤里泥土太多。"一个多嘴的士兵回答。

"你们入伍是为了保卫国土，而不是挑剔伙食！"长官非常生气地大声斥责道，"难道这个道理都不懂？"

"懂"，士兵毕恭毕敬地立正，又斩钉截铁地说，"但绝不是让我们吃掉国土。"一句话，说得长官顿时对这位士兵刮目相看了。

从此，士兵们的伙食得到了改善。

"泥土"与"国土"意义相差甚远，但士兵却能抓住"土"这个关键词，并将其生发开去，不无关联地与国家的形式、国土的沦丧和军人的职责密切地结合在了一起，即体现了一个军人对祖国的忠诚，又巧妙地达到了改善伙食的目的。

正话有时不妨反过来说

说好话有很多应变技巧，其中正话反说的效果值得推荐。

反说就是说反话，是用于本意相反的词语或句子去表达本意的一种修辞方法。使用"反语"的言辞，表面意思和作者内心真正所要表达的真意恰恰相反。就是表面赞扬，其实责骂；表面责骂，其实赞赏。反语可分为两种类型，即"正话反说"和"反话正说"。

正话反说的方法是办事说话时的一种常用方法。反说出来的话能使本来也许是困难的交往变得顺利起来，让听者在比较舒坦的氛围中接受信息。例如巧用语气助词，把"你这样做不好！"改成"你这样可能会产生某种后果，这种后果……"然后让听者自己理解这种后果的严重性，自然也就接受了你的建议或意见。

战国时期，楚国有一位能言善辩的人，名叫优孟，他善于在谈笑之间劝说国君。楚庄王有匹爱马，楚庄王看重这匹马远远超过人。比如他为马披上锦绣的衣服，将它养在华丽的房舍里，马站的地方设有床垫，并用枣脯来喂它。可是，马因为吃得太好太多，不久就患肥胖病死了。庄王非常难过，下令全体大臣给马戴孝，不仅准备给马做棺材，还要用大夫的礼仪来安葬马。

朝里群臣对楚庄王的做法都非常反对，纷纷上书劝庄王别这样做。然而楚庄王一意孤行，对群臣的劝说十分反感，并下令说："谁再敢对葬马这件事进谏，格杀勿论！"

由于庄王的淫威，群臣们都不敢再进谏了。优孟听说这件事后，他马上来到殿门，刚步入门阶就仰天大哭。庄王见他哭得这么伤心，觉得很惊奇，问他为什么大哭。

优孟说："这匹死去的马是大王最疼爱的，楚国是堂堂大国，用大夫的礼仪来安葬，礼太薄了，一定要用国君的礼仪来安葬它。"

楚庄王听到优孟不像群臣那样拼死劝谏，而是支持他的主张，不觉喜上心头，很高兴地问道："照你看来，应该怎样办才好呢？"

"依我看来"，优孟清了清嗓子，慢吞吞地说，"以雕工做棺材，用耐朽的樟木做外椁，以上等木材围护棺椁，派士兵挖掘墓穴，命男女老少都参加挑土修墓，齐王、赵王陪祭在前面，韩王、魏王护卫在后面，用牛、羊、猪来隆重祭祀，给马建庙，封它万户城邑，将税收作为每年祭马的费用。"说到这里，优孟才将话锋一转，指出了庄王隆重葬马之害，"这样，诸侯听到大王对死马的葬礼如此隆重，都知道大王认为人卑贱而马尊贵了。"

优孟这么一点，的确点到了庄王葬马的要害，一个统治者竟会"贱人而贵马"，必然为世人所厌弃。问题到了这样严重的地步，不能不使庄王大为震惊，说道："寡人要葬马的错误竟到了这么严重的地步吗？那么该怎么办才好呢？"

优孟见庄王认识到了自己的错误，马上和缓地说："请让我为大王用葬六畜的办法来葬马吧：用土灶作外椁，用大锅作棺材，用姜枣作调味，用木兰除腥味，用禾秆作祭品，用火光做衣服，把它葬在人的肚肠里。"于是，庄王听从优孟的劝谏，派人把马交给掌管厨房之人去处理，不让此事传扬出去。

优孟采用的办法就是正话反说，不直接说出自己的意思，而是从相反的方向委婉含蓄地表达自己及众大臣的意愿，让楚庄王接受。

正话反说也是交谈中的技巧之一，其特点就是字面意思与本意完全相反，让听者自觉去领悟，从而接受你。优孟因侍从庄王多年，熟知庄王的性情，知道对此时的庄王，忠言直谏、强行硬谏肯定是没有效果的，所以干脆从称赞、礼颂楚庄王"贵马"精神的后面烘托出另一种相反的又正是劝谏的真意——讽刺庄王的昏庸举动，从而把庄王逼入死胡同，不得不回头，改变自己的决定。在特定的情况下，采用正话反说的方法，会收到意想不到的奇效。

其实在生活中，我们经常使用到正话反说这种方法，只是自己没有感觉到罢了。在常用口语中，我们常常对于明明应当褒扬肯定的人或事，偏偏说反话进行贬损。例如"冤家""可憎""死鬼""缺德的""挨千刀的"等却多为女性对热恋中的情人或丈夫的昵称。口头虽笑骂，心里却疼爱。《红楼梦》中王夫人称宝玉为"孽根祸胎""活世魔王"，黛玉称宝玉为"我命中的魔星"，贾母称凤姐为"促狭鬼"等都是表示亲昵的正话反说。再如古诗：

①不才明主弃，多病故人疏。（孟浩然《岁暮归南山》）

②名岂文章著，官应老病休！（杜甫《旅夜抒怀》）

这两联诗句说的都是反话，例①诗人把自己宦途渺茫、功名未就的遭遇，归结为本人缺少才干；所以被明主弃置不用。至于遭到故人的疏远，是由于自身多病引起的。其真意却是抒发对贤才难遇明主和世态炎凉的无奈和感慨。例②表面说：有点名气，哪里是因为自己文章写得好呢？进入仕途，年老多病就该致仕退休。其实说的是反话，诗人的真意是：由于长期受到压抑，致使远大政治抱负不能实现，仅以诗文名世；加之遭受排挤，休官离职，孤身漂泊。

正话可以反说，反话自然可以正说。所谓反话正说，和正话反说恰恰相反，就是对于明明应当贬损否定的人或事，偏偏说反话加以褒扬肯定。例如：

智识高超而眼光远大的先生开导我们：生下来的倘不是圣贤，豪杰，天才，就不要生；写出来的倘不是不朽之作，就不要写；改革的事倘不是一下子就变成极乐世界，或者，至少能给为自己（！）有更多的好处，就万万不要动！（鲁迅《这个与那个》）

这个例句用了正话反说的讽刺反语：所谓"智识高超而眼光远大的先生"，实际是对市侩哲学预言家们的辛辣嘲讽。

在言语交际中，反语大抵出于睿智之思，发诸诙谐之口。恰当地运用反语，可以用于揭露、批判、讽刺消极的方面，增强语言的战斗性。鲁迅说他自己"好用反语，每遇辩论，辄不管三七二十一就迎头一击"。另外，使用反语褒贬事物，增强语言的鲜明性；还可以利用反语变换语气，增加语言的生动性。但使用反语也应注意几个问题：

（1）运用反语进行讽刺，一定要注意立场，认清对象，区别对待。注意语言环境，在说话时掌握分寸。

（2）运用反语应当明朗，要让听者理解，切忌含活，避免误解。

给自己找个台阶下

在生活中，每个人都难免遇到令人尴尬的人，办出使自己尴尬的事情，而且因此陷入一种狼狈的境地。这时略施"小计"来进行自我调节，便能抹掉困窘，扭转尴尬局面。

在一个女孩的订婚宴会上，她很想给未婚夫的亲戚们留下好印象。她微笑着走进宴会厅，不料绊倒了一座落地灯，灯撞翻了小桌子，她正好跟踉跄跌在小桌子上，跌了个四脚朝天。她立刻跳起来，站直了说："瞧！我也能够玩扑克牌把戏！"她的做法一下子就把尴尬的场面扭转了，而且她还给人留下了聪明、大方、对自己充满信心的好印象。仅这一件小事，人们就已充分了解了她的智慧和能力。

俗话说：家丑不可外扬。可是在说说笑笑的时候，"笑话自己"是一个得到了普遍认同的观点。瓦尔特·雷利说：不论你想笑别人的哪一点，先笑你自己。试想当一个人想说笑话、讲讲小故事，或者造一句妙语、一则趣谈时，取笑的是自己，其他人谁会不高兴呢？所以说，想要制造笑，最安全的目标就是你自己。

美国幽默作家罗伯特就主张以自己为幽默对象，或者说，"笑话自己"。运用这种方法，在生活中的各种场合，我们都可以发现笑科，引出笑声，为人们解除愁闷和紧张。长此以往，你就能获得一种幽默智慧，能够承受各种既成事实，更有信心去努力改善现状，也能够增加自己的亲和力。

比如在双方交谈刚开始，尚未开宗明义之前，来一个巧妙的笑话，使对方处于欢乐激情之中，达成情绪上的"晕轮"，就像刘姥姥进大观园那样，首先给被求方以轻松感，然后再侧面谈及农家之苦，把被求方的骄傲情绪和同情心调动起来，他们自然乐于施舍于她了。利用自我解嘲，可主动地暗示自己的处境，唤起被求方的同情。

有一个人向他的朋友抱怨："我愈来愈老了。"当然，朋友告诉他，他看起来仍和从前一样年轻。

"不，我不年轻了。"他坚持说，"过去总有人问我：'为什么你还不结婚？'而现在他们问：'你当年怎么会不结婚的呢？'"

朋友在被他的逗笑的同时，也不免会为他年华逝去，却还没有成家而同情他。要获得他人的同情，我们要首先脱掉虚伪的外衣，真诚地表露自己。而趣味思想的说笑能帮助我们移去障碍和欺骗。有时候，在大庭广众之下，我们会犯一些小错误，闹一些小笑话，这时候，就可以用自己逗笑来帮助我们表达真诚，来解除别人的嘲弄。

乐观地面对生活，借着笑的分享，你就可以把琐细的问题摆在适当的位置，和你整个生活相形之下就显得很小了，这有助于你轻松地获得他人的同情，也能使你重振精神。

有时候，我们也难免会撒谎或者欺骗他人。而当我们偶尔犯了错误受到谴责的时候，我们总是希望得到他人谅解。我们相信，绝大多数人是诚实的、善良的，因而我们采取说笑的方式争取他人的谅解。

一个妇人打电话给电工："喂，昨天请你来修门铃，为什么到今天还没有来？"

电工答道："我昨天去了两次，每次按门铃都没有人出来开门，我只好走了。"

人们听后肯定会轻松地一笑，其意绝不在讽刺电工的服务态度，电工的愚笨反而使我们觉得可爱，进而谅解他的工作失误。

有一位职员，上班时间趴在桌上睡着了，他的鼾声引起了同事们的哄堂大笑。他被笑声惊醒后，发现同事们都在笑他，有人道："你的'呼噜'打得太有水平了！"

他一时颇不好意思，不过他立即接过话茬说："我这可是家传秘方，高水平还没发挥出来呢。"在大家一片哄笑中，他为自己解了围。

在说笑的时候先笑自己，是一条不成文的法则，你的目标必须时刻对准你自己。这时，你可以笑自己的观念、遭遇、缺点乃至失误，也可以笑自己狼狈的处境。每一个想有好人缘的人都得有随时挨"打"的心理准备，如果缺乏笑自己的能力，那么他有好人缘就会活得很累。

一次，陈毅到亲戚家过中秋节。进门就发现一本好书，便专心读起来，边读边用毛笔批点，主人几次催他去吃饭，他不去，就把糍粑和糖端来。他边读边吃，竟把糍粑伸到砚台里蘸上墨汁直往嘴里送。亲戚们见了，捧腹大笑。他却说："吃点墨水没关系，我正觉得自己肚子里墨水太少哩。"

人们喜爱陈毅，难道和他的这种豁达、幽默的禀性没有联系吗？把自己作为笑的目标，以此来沟通信息、表达看法是最令人折服、最能获得信赖的。你以取笑自己来和他人一起笑，这能够让他人喜欢你、尊敬你，甚至钦佩你，因为你用你的乐观向他人展现了你善良大方的品质。

威廉对公司董事长颇为反感：他在一次公司职员聚会上，突然问董事长："先生，你刚才那么得意，是不是因为当了公司董事长？"

这位董事长立刻回答说："是的，我得意是因为我当了董事长，这样就可以实现从前的梦想，亲一亲董事长夫人的芳容。"

董事长敏捷地接过威廉取笑自己的目标，让它对准自己，于是他获得了一片笑声，连发难的人也忍不住笑了。

说说笑笑是一种只有聪明人才能驾驭的艺术，而自嘲又是这种艺术的最高境界。由此可见，能自嘲的人必然是智者中的智者，高手中的高手。自嘲就是要拿自身的失误、不足甚至生理缺陷来"开涮"，对丑处不予遮掩，反而把它放大、夸张、剖析，然后巧妙地引申发挥、自圆其说，博得一笑。

一个人如果没有豁达、乐观、超脱、调侃的心态和胸怀，是无法做到的。自以为是、斤斤计较、尖酸刻薄的人更是难以望其项背。自嘲不伤害任何人，因而最为安全。你可用它来活跃气氛，消除紧张；在尴尬中自找台阶，保住面子；在公共场合表现得更有人情味。

说话也需要"声东击西"

战略战术上的"声东击西"，相信大家都可能知道不少，但日常生活中怎样运用"声东击西"法，却不是每个人都会的。我们先看这样一个生活中的例子：

李三是全村有名的喜欢向别人借东西但用完后又从来不及时归还的人，邻居们都找借口不想借给他东西用。

一天，李三来到邻居王六家，问："王六哥，今天你们家要用平板车吧？"

王六早有准备，很干脆地回答说："是的，我们今天正好要用。"

听到这儿，李三高兴地说："太好了，这么说你们家今天就不用拖拉机了，正好借给我用用啊。那太好啦。以后会好好谢谢你的。"

这个李三虽是一个不太守信用的人，但他的"声东击西"法还是运用得很熟练的。

有一对夫妻，妻子非常喜欢唱歌，可是水平特别差，有时候搞得丈夫没法休息，丈夫多次劝说也无济于事。有一次已经深更半夜，妻子还在那里自得其乐地唱着难听的歌，丈夫只好急急忙忙地跑到大门口站着。

妻子见此，不解地问道："我每次唱歌时，你干吗总是要跑出去站在门口呢？"

丈夫把每个字都吐得非常清楚地说："我这样做是为了让邻居看到，我并没有打你。"

丈夫的回答，表面上看是答非所问，实际上是采用了一种声东击西的说笑艺术。妻子乍一听也毫不介意，可是继续回味，才会发觉自己像咽进了一只绿头苍蝇般，哭笑不得。丈夫的回答，表面意思是在说妻子发出的声音不是丈夫殴打所致，本意则是在讽刺妻子唱得难听，好似被打得被惨叫一般。

在有些场合，利用"声东击西"的技巧，把相同意思的话用不同的语言来表达，效果迥异。有时言在此而意在彼，确实令人回味无穷。

《五代史·伶官传》中有一事十分有趣：庄宗喜好田猎，在中牟打猎，践踏许多民田。中牟县令为民请命，庄宗发怒，要杀他。

伶人敬新磨得知后，率领众伶人去追赶县令，将之拥到马前，责备他说："你身为县令，怎么竟然不知道我天子喜爱打猎呢？为何让老百姓种庄稼来交纳税赋，而不让你治下百姓忍饥去荒废田地，让我天子驰骋田猎？你罪该万死。"于是拥着县令前来请求庄宗杀之。

庄宗听后无奈大笑，县令被赦。

以上这则故事中，敬新磨为了达到劝谏目的，取得和君王谈判的成功，运用了反话正说、声东击西的技巧，就是使用与原来意思相反的语句来表达本意，表面赞同，实际反对。在生活中，尤其是在人际交往或谈判桌上，运用这种表达方式往往能收到直接表达所起不到的作用。

如果说连小孩子也"懂得"了"声东击西"之术，人们可能不太相信，下面这个例子可以让不相信的大人们目瞪口呆：

同事有一个1岁多的女儿。那天，同事带着女儿在小区里遛弯儿，和妈妈们凑到一起聊起了天。小女孩看见一个比她大一点的小男孩在玩一个很好玩的玩具，很想去玩，但估计了一下双方的实力，觉得肯定抢不过人家。于是她就走到那个小男孩妈妈面前，喊道："阿姨，抱抱！"阿姨高兴地去抱她，可是小男孩不干了，跑过来要自己妈妈抱。

于是，小女孩顺利地拿到了玩具。

第七章　谦逊表达，学会倾听

　　认真倾听别人的倾诉体现了一个人谦逊的教养，展现了一个人高尚的素质。而任意打断别人的谈吐则表现出对别人的不尊重，也暴露出自己的素养低下。因此，学会倾听是人生的必修课，只有学会倾听，才能去伪存真，才能给人留下虚怀若谷的印象。古人有云："听君一席话，胜读十年书"，这就是对智慧的谈吐者与虚心倾听者的高度赞誉。

静下心，听听别人说什么

如何与人真诚沟通、交流？很多人认为，交谈是最好的办法。其实不然，比倾诉更让人倾心的是倾听。多倾听对方的心声，你会发现，原来，倾听才是增进人际关系的润滑油。

倾听是一项技巧，是一种修养，更是一门学问。懂得倾听，有时比会说更重要。倾听具有一种神奇的力量，它可以让人获得智慧和尊重，赢得真情和信任。

有句谚语："用十秒钟的时间讲，用十分钟的时间听。"善于倾听，是说话成功的一个要诀。据美国俄亥俄州立大学一些学者的研究，成年人在一天当中，有7%的时间用于交流思想，而在这7%的时间里，有30%用于讲，高达45%的时间用于听。这说明，听在人们的交往中居于非常重要的地位。

在我们的周围，很多人一心只想表现自己，喜欢高谈阔论、夸夸其谈，却不能耐心倾听别人的意见与想法。诚然，他们是能说会道的人，却不是最招人喜欢的人，因为他们不懂得倾听比倾诉更重要。

在人与人的交往中，倾诉是表达自己，倾听是了解别人，达到心灵共鸣。在人与人的沟通中，除了倾诉，我们还应该学会倾听。当一个人高兴的时候，我们要学会倾听，倾听快乐的理由，分享快乐的心情。当一个人悲伤的时候，我们要学会倾听，倾听痛苦的缘由，失意的原因，理解倾诉者内心的苦处，表示出怜悯同情之心，淡化悲伤，化解痛苦。当一个人处于工作矛盾、家庭矛盾和邻里矛盾时，倾听矛盾的症结，帮助分析，为其分忧解难……倾听是一种与人为善、心平气和、虚怀若谷的姿态。有了这份姿态，就会多听一些意见，少出几句怨言。

愿意倾听别人，就等于表示自己愿意接纳别人，承认和重视别人。如果你能面带微笑，用一种专注而又迫切的眼光看着他，那会让人感觉你是欣赏他的。在这种氛围里，对方会充分地展现自己。如果你是一个领导，下属向你提建议，即使开始还有点紧张，但你的倾听会使他马上感到放松和自信。所以说，学会倾听，对领导来讲，也是个重要的领导思想和领导方法。县委书记的好榜样焦裕禄，新时期领导干部的楷模郑培民，人们念念不忘他们。为什么？并不是因为他们有翻江倒海的本领，也不是因为他们有经天纬地的才华，而首先在于他们心里装着人民，善于倾听群众的呼声，为人民群众排忧解难。

倾听，在人们生活中如此重要，那么，就让我们重视起来吧。只有这样，我们的生活才会更加和谐舒畅，我们的人生才会到处充满阳光。当然，学会倾听，更要学会鉴别。学会倾听，并非逆来顺受，而是要具体问题具体分析。对那些混淆是非、造谣中伤、无中生有的无聊倾诉，则要给予善意的劝解，必要的话，还要给予严厉的批评，坚决制止。

戴尔·卡耐基曾经说过："当对方尚未言尽时，你说什么都无济于事。"这句话告诉我们，无论是想和他人进行良好的沟通，还是想有力地说服他人，首先我们要学会积极地倾听别人的话语。积极的倾听，是促进理解的金色桥梁，是人际交往的一种艺术，体现了一个人的品德。那么，怎样才能成为一名积极的倾听者呢——

要实现积极的倾听，首先就要做到耐心、专心、虚心。就日常生活中的交谈而言，并非所有的话语都包含着重要的信息，并且我们的思维速度是说话速度的四到五倍，因此，如果在谈话中不能保持足够的耐心，我们的思想就会开小差，注意力就无法集中。要改进聆听技巧的首要方法就是尽可能地消除那些来自内部或外部的干扰。我们必须把注意力完全放在说话者的身上，耐心聆听，才能明白对方说了些什么、没说什么以及对方的话所代表的态度和含义。

其次，当我们在和他人谈话的时候，即使我们还没有开口，我们内心的感觉就可能已经通过肢体语言清清楚楚地表现出来了。因此，运用一些有利的肢体语言，如自然的微笑、得体的坐姿、亲切的眼神、点头或手势等，能够起到促进交流、消除心理隔阂、鼓励交谈者自然而尽情地表达等作用。当然，除了肢体语言以外，话语在积极倾听过程中也发挥着十分重要的作用。可以提出一些诸如"你认为这是关键问题吗？"、"你的意思是……吗？"、"你能说得明白一些吗？"之类的问题。这些提问让对方感到你对该话题感兴趣，从而更乐意与你交谈，为你提供更多的信息，有助于你理解问题的各个方面。

俗话说："酒逢知己千杯少，话不投机半句多。"在聆听别人谈话的过程中，要认真揣摩对方要表达的感情和含义，努力理解说话人的内心世界，这样会加快你和谈话者彼此之间的沟通，帮助你迅速找到能够与谈话者产生精神共鸣的话题和内容。"有动于中，必形于外"，当你内心的感情与倾听对象达到共鸣时，表情会自然而然地随着谈话内容而发生变化，情感上会和对方产生交流，比如当对方在讲笑话或幽默时，你会开怀大笑，更增添了讲话人的兴致；说到紧张之处，你会屏气凝神，让讲话人感受到你的专注。这种积极的情感反馈自然会获得良好的倾听效果。

掌握倾听的技巧

在互联网和其他现代化数字传媒纷纷进入人们的学习、工作、生活的时代背景下，对话、沟通成为人们的趋向性选择。与此同步，思想文化的教育方式也随之由注重单向灌输变为重视双向交流，倾听自然也就成为这种互动交流的必要前提和条件，成为连接双方心绪的桥梁和纽带。也正如此，有许多人必须从以前那种好为人师、"我讲你听"的习惯中走出来，跟上时代的脚步，提高自己倾听的素养和能力，掌握倾听的技巧。而要学会倾听，在当前至少有以下几点是应该给予足够重视和格外留意的。

倾听要耐心

耐心是使诉说和倾听得以进行下去的基本保证。倾听时不能急，急了，常常导致不让人说话；倾听时不能躁，躁了，就会频频打断别人说话；倾听时不能烦，烦了，就会让诉说者顾虑重重、欲言又止。总之，倾听要有耐心，有耐心才能更好地倾听。

耐心是一种态度。倾听的根本问题是态度问题，不是方法问题。毛泽东同志指出："怎样使对方说真话？各个人特点不同，因此，要采取的方法也不同。但是，主要的一点是要和群众做朋友，而不魅做侦察，使人讨厌。"管理者要想听到群众的心声，首先要有尊重人、关心人、平等待人的根本态度，要把群众当成无间亲朋、良师益友。应该认识到耐心倾听群众的呼声是坚持民主作风的体现，是贯彻群众路线的基本前提，而这种态度就表现为面对群众时的满腔热忱，倾听诉说时的认真细致，听到问题时的赞许鼓励，闻知困难时的关注关切。

耐心是一种涵养。管理者从群众中既能听到赞美鼓励，又能听到逆耳之言；既能听到简短汇报，又能听到唠叨长谈；既能听到真知灼见，又能听到风言风语。面对各种声音，管理者需要有海纳百川的气度，要能听得进千言万语。法国著名作家雨果说过："世界上最宽阔的是海洋，比海洋更宽阔的是天空，比天空更宽阔的是人的胸怀。"管理者就应具备宽广的胸怀和容人的素质，要能控制得住自己去耐心倾听不同的声音，要能在听的过程中耐心寻找他人思想的火花。

耐心是一种习惯。秦末，楚汉相争。初始，汉高祖刘邦处于劣势，兵寡势微，屡战屡败，但是他从谏如流，始终愿意耐心听取他人的意见，把倾听意见作为习惯，变成个人风格，终于以弱胜强。而项羽则高傲自大，闭目塞听，仅有一个谋士范增，还不愿用，最终失去了优势，无颜再见江东父老。同样，管理者要为企业建设出谋划策，要为广大群众解决实际问题，需要掌握各方面的情况。面对纷繁复杂的局面，管理者必须把倾听变成自觉行为，内化为良好习惯，形成工作作风，才能耐下心性听取八方来言，才能心平气和听完各种意见，也才会为做好工作打下扎实的基础。

倾听要虚心

因为只有虚怀若谷，才能容纳各种不同意见。倾听，不论听到什么意见——正面的、反面的，料到的、意外的，好听的、难听的，都要"洗耳恭听"。这样，才会收到"知无不言，言无不尽"的奇效。

虚心表现为不自以为是。好为人师，自以为是，不由分说，拒人于千里之外，都是倾听的大敌。管理者在任何时候都不能认为自己有多高明，应该认识到高明是相对的，一个人不可能比一切人高明，也不可能在一切事上都高明，只有虚心听取不同意见，做到耳听八方，才能了解到真实情况，才能为群众所认可。正如汉代桓宽在《盐铁论》中所讲："多见者博，多闻者智，拒谏者塞，专己者孤。"管理者只有谦虚好学，多听多看，兼听善择，才能视野开阔，知识丰富。否则，自高自傲，夜郎自大，只能导致独断专行，陷于孤立。

虚心表现为不拒绝批评。倾听不只是听好听的话，更要听难听的话，难听的话中有真相、真情、真理。"良药苦口利于病，忠言逆耳利于行"，讲的就是这个道理。唐太宗李世民多次被谏臣魏征尖锐的措辞激得面红耳赤，但他能够虚心纳谏、容人谏言，反而从魏征那里受益匪浅，因此魏征死后他痛哭流涕："以人为镜可以明得失，魏征殁，朕亡一镜矣！"面对批评，人们不仅要能听，还要善听、愿听、爱听。要以"闻过则喜"的胸怀对待批评，做到"言者无罪，闻者足戒"。只有这样，才能听得进逆耳忠言，才会吃得下苦口良药。

虚心表现为不居高临下。倾听是发扬民主、集思广益、融人民群众的有效途径，是管理者礼贤下士、平易近人、礼貌待人的直接体现。三国时，刘备不以诸葛亮位卑而轻之，三顾茅庐问天下计，诸葛亮因感"先帝不以臣卑鄙"之恩而"鞠躬尽瘁，死而后已"，成为千古佳话。虽然，人有大小、新老之分，言有长短、轻重之别。但是，管理者应该深知"微言"有大义，"小计"含真情，放下架子、面子倾听群众的声音，就会得到群众的敬重，就会得来群众的肺腑之言，就会赢得群众的支持拥护。

倾听要诚心

心诚则灵。心不诚，如果只是表面上装出倾听的样子，而实际上心不在焉，那么，就不仅听不到真言，还会因此交不到诤友。

倾听要真诚。"人心换人心，五两对半斤"，管理者只有真心诚意地去听群众的声音，群众才会从心里接受你、感谢你、支持你。日本松下公司多年来有一项制度，就是每月发工资时，工资袋里必须有一封总经理给职工的亲笔信。信都写得真诚感人，职工拿到工资袋，不数钱，先看信，还拿给家人看，看到感人处一家人都掉眼泪。正是因为公司这种真诚待人的态度，使得松下员工都尽心敬业、努力工作，也使得松下公司成为世界著名企业。"精诚所至，金石为开"。管理者要想听到真实的话语，必须抱有真诚的态度，做到用心去听，用情去听，而绝不能虚情假意，敷衍了事。

要理解对方。群众向管理者诉说衷肠，多半是因为心里有了解不开的疙瘩或遇到了棘手的问题。因此，倾听时必须要理解诉说者的心情和处境。要由人推己，站在当事人的角度来感知诉说者的困难和心境，理解他们的心情和需要。要通情达理，面对群众的不满之辞和偏激话语，应该理解他们、体谅他们，用自己的诚心来解开群众的心结。要想人所想，对待群众的事情和疾苦，应该急人所急、忧人所忧。只有这样，才能与人交心，大家才不会把你当成外人。

倾听要细心

古人云"天下大事，必作于细"。倾听中，管理者只有心细如发、见微知著，才能敏锐地感知群众的心迹，才能迅速地抓住问题的端倪。

要听清。倾听不是不动脑子地随便听听，而是要集中精力：认真、用心地听。管理者在倾听群众反映情况时不能"心不在焉"或"左耳进右耳出"，更不能还没等对方讲完就"先声夺人""先入为主"。这样，不但听不清群众的话语，而且还会影响群众的情绪，"听"还不如"不听"。要听清话语，必须聚精会神，心无旁骛，自始至终地认真听群众的每句话语。要记清话语，除过用笔去记外，还要用脑去记，用心去记，记清群众的情绪态度，记住群众的殷切期望。

要听准。"差之毫厘，谬以千里"，这个道理同样适用于倾听。听不准群众的话语，就弄不清群众的想法，就不会清楚群众的需要，也就会使后面的工作无的放矢，甚至出现偏差。要听准话语，需要心随耳动，切实弄明白群众说的重点是什么、心里的想法是什么、希望达到的目的是什么，尤其对于重要、敏感的话语，应该有意再询问订正一下，确保准确无误。要听准话语，还需要闻百家之言。"兼听则明，偏信则暗"，只有倾听多种声音、征求多种意见，并经过分析辨别、综合衡量后，才能找出最准确的信息。

要听真。"说话听声，敲锣听音"。倾听要辨识，没有辨识怎能听真？管理者要想把准群众的思想脉搏，弄清事物的本来面目，就要会听言下之意、真实之音。人们的经历和环境不同，个性特征、学识、修养和思维方式也会不同。有的人说话直接反映他的真实想法，有的人则常常用反话、气话、怪话等曲折的方式来表现意见倾向。所以，相同的话由不同的人来说，其含义可能是不相同的。因此，管理者倾听时一定要开动脑筋，对听到的话进行具体分析、去伪存真，从而摸清群众的真实想法。

在倾听中产生共鸣

倾听是搞好人际关系的需要。人有两只耳朵一张嘴，就是为了少说多听。不重视、不善于倾听就是不重视、不善于交流，而交流的一半就是用心倾听对方的谈话。不管你的口才有多好，你的话有多精彩，也要注意听听别人说些什么，看看别人有些什么反应。俗话说得好："会说的不如会听的。"也就是说：只有会听，才能真正会说；只有会听，才能更好地了解对方，促成有效的交流。尤其是和有真才实学的人一起交谈更要多听，不仅要多听，还要会听。所谓"听君一席话，胜读十年书"，大概正是这个意思。

那么，是不是我们什么都不说，只一味地去听呢？当然不是。假如一句话都不说，别人即使不认为你是哑巴，也会认为你对谈话一点兴趣都没有，反应冷漠。这样会使对方觉得尴尬、扫兴，不愿再说下去。到底多说好，还是少说好呢？这就要看交谈的内容和需要了。如果你的话有用，对方也感兴趣，当然可以多说；倘若你的话没有什么实质内容和作用，还是少说为佳。即使你对某个话题颇有兴趣和见解，也不要滔滔不绝，没完没了，更不要打断别人，抢话说，因为那样会招致对方厌烦，甚至破坏整个谈话气氛。

听话也有诀窍。当某人讲话时，有的人目光游离，心不在焉，看表、修指甲、打呵欠、打电话……这些小动作会给人一种轻视谈话者的感觉，让对方觉得你对他不满意，不愿再听下去，这样肯定会妨碍正常有效的交流。当然，所谓注意听也不是死盯着讲话者，而是适当地注视和有所表示。

给讲话人语言暗示，告诉他你在专心地听。对他所说的话感兴趣时，展露一下你的笑容；用"恩、噢"等表示自己确实在听和鼓励对方说下去。或者"明白了""再讲具体一点""然后怎么样了？"注意，每一个暗示都要简短，但这足以使讲话人深受鼓舞。

提出问题。凭着你所提出的问题，让对方知道，你是仔细地在听他说话。而且通过提问，可使谈话更深入地进行下去。如："要如何才能改变这一现状呢？""如果不这样还有其他好的办法吗？"

要巧妙地表达你意见，不要表示出你与对方不合的意见，因为对方希望听的人"听"他说话，或希望听的人能设身处地地为他着想，而不是给他提意见。你可配合对方的证据，提出你自己的意见，比如对方说完话时，你可以重复他说话的某个部分，或某个观点，这不仅证明你在注意他所讲的话，而且可以以下列的答话陈述你的意见。如："正如你指出的意见一样""我完全赞成你的看法"。

在忠于对方所讲话题的基础上，引导好话题的走向。无论你多么想把话题转到别的事情上去，达到你和他对话的预期目的，但你还是要等待对方讲完以后，再岔开他的话题。对方也许是一个不善表达的人，不是短话长说，就是说些与主题无关的话题，甚至连陈年往事也牵扯上了。这样的谈话枝叶太多，往往会脱离主题。因此听者须及时予以引导，使谈话重上轨道。这是听者的重要责任，也是听话技巧之一。记住，是引导而不是指导。

要听懂对方的意图，而不仅仅是话语。管理学大师彼得·德鲁克曾经说过："沟通就是倾听对方没有说出来的话。"因此，请细心体会说话人"话里话外"的意思，并且在抓住事实的同时感受他的情绪。

当一个话题告一段落，你要适时引入新的话题。人们喜欢从头到尾安静地听他说话，而且更喜欢被引出新的话题，以便能借机展示自己的价值。你可以试着在别人说话时，适时地加一句："你能不能再谈谈对某个问题的意见呢?"

如果我们把每一次倾听都当作学习的机会。即便谈论的话题一开始显得很无趣，也请紧跟说话人的思路。而在你学习的同时，你也会获得谈话人的好感与尊重。认真按照这些要求去做，你一定会成为一个成功的倾听者，成为一个拥有纵横口才的高手!

捕捉他人的弦外之音

俗话说："听话听音。"中国人的特点是含蓄，特别是在特殊的场合里，人们总会根据具体的对象和环境，利用含蓄、讽喻、双关、反语等方法，表达自己的意图。这样就会使表达曲折委婉、话里有话，听话的人若不仔细揣摩，就不能理解说话人的真实含义，只按照字面上的意思来理解，势必会造成曲解。所以我们要细心琢磨别人的话外音，方能知晓对方想表达的真实意思。

张倍源作为公司市场部的员工，时常要对一些新近需要开拓的客户送些礼品来增进客户的关系。有一次，张倍源就碰到了一个很难缠的客户，客户的性情很难把握，不知道该送什么礼物。几经推敲，决定送一瓶香水给对方。谁知对方推辞说："谢谢你的东西，但不太适合我。"眼看生意就要黄了，张倍源很着急。如果客户不喜欢这种礼物，那该怎样知道客户的喜好呢？就在张倍源手足无措的时候，他发现客户手里握着一本关于赛车信息的杂志。张倍源立刻心领神会，选购了一辆赛车模型送给对方，对方果然欣喜地接受了，而这单生意也顺利被搞定了。

张倍源并不知道客户的喜好，但是又不能直接地向客户了解，这就需要他细心地观察。同时客户是送礼物的对象，也不好直接向张倍源说出自己的意图。生活中大量的话由于各种各样的原因，都不便直接讲出，隐晦地表达已是现代人的交往特性。

有一次老板去英国出差，因为甘国强和老板私交甚好，老板就想带他一起去。但是想和老板出差的人很多，为了避免大家觉得自己偏心，老板照规矩召集大家，老板当着大伙的面先问甘国强："你的英语很不错吧？"甘国强当时也没考虑太多，老老实实地回了句："我的英语很差啊。"他刚说出这句话，其他想去的同事就立刻自荐，忙说自己英语水平很不错。事后甘国强觉得自己做了件傻事，只有一个机会的前提下，老板故意先问自己，而且老板和自己私交很好，怎么会不知道自己的英语不好，他还故意问自己的英语是不是不错，很明显是想带自己去的。可惜自己没有明白老板的真实意思，把机会错过了。

作为老板，当然不能明显地偏向某个员工，即使他是关系很"铁"的哥们。老板特意召集大家，又第一个征求甘国强的意思，显然就是要把这个机会给甘国强，甘国强一时没有领会到这层含义，错失了一次良机。每个人的"话外音"其实都有迹可循，多考虑事物的另一面，进行换位思考，事情可能就会变得明朗。记住，凡事都事出有因，"话外音"也不例外。这就要求听者能够听出弦外之音，进而听懂别人说话的真实意图。

某国家要任命新的领导人，各报记者都想探听谁会是新任首相，但此事是秘密决定的，而且参议员都守口如瓶，记者们使尽浑身解数都一无所获。但有一位记者通过一个巧妙的问题就获得了第一手资料。

在议员们结束会议时，这位记者向参议员提出这样一个问题："出任首相的是不是秃子？"当时出任首相的有三名候选人：一个是秃子，一个是满头白发，一个是半秃顶。而最具优势的人正是半秃顶的候选人。这个看似简单的问话，却暗藏玄机，议员听到这个问题后，神色有些犹豫，没有立刻回答，记者巧设问题从这位议员一瞬间的犹豫中推断出最后的答案，因为对方的停顿肯定是在思考：半秃顶是否属于秃子？记者的机智让他获得了独家新闻，给自己的报社带来了丰厚的收入。

从中我们可以看到"话外音"的特征很广泛：一个举动、一个表情都可以成为话外音的一部分。记者巧妙地设置问题，再从参议员的表情的"话外音"中去推断他的真实意思。

当然，作为一种人际沟通方式，理解对方的话外音是很重要的。若你意会不出或意会错别人带有隐含意的语言，轻则会把别人的鼓励当批评，把别人的嘲讽当作"补药"；重则会把错的事认为是对的，对的事反而认为是错误的，从而直接影响你对事物或人的判断。

下面一些情况，往往隐含着说话人的话外之音：对方谈话时语气突然改变时；对方的音调加重时；对方突然停止谈话时；对方故意做出的暗示性的语言和肢体动作时；谈话结束时对方有无特殊的举止；散席前对方的最后几句话……

人的内心思想，有时会在口头上不经意间流露出来，只要我们细心观察就能听出他人的话外音。

听出重点，记在心中

听话不只是听见，更重要的是听懂。对语词、语句、句群以至整个话语的意义的理解与把握，是听话能力的核心。倾听时不仅要用耳，还要用脑，边听边思考接收到的各种语言信息。一定要尽可能迅速地抓住关键词语，只有准确地理解了关键词语，才能正确地理解整体话语的意义。实际上，在快速流逝的语速中，听话人并不是在听声音，而是在听思想。除了对词句的听辨外，还要注意语调、语气、重音、停顿等种种因素。

理解特殊语言环境中的话语含义

在某些特殊的语言环境中，"讨厌"是喜爱的意思，"你太聪明了"则表示否定。

邹忌是战国时期齐国的丞相，位居高位后，即使有错误，也无人敢谏言。

一天，大臣淳于髡来到邹忌的府上，说有一些问题向丞相请教，他说："儿不离母，妻不离夫，这样做对不对？"邹忌说："对极了，所以我们做臣子的不敢离开君王。"淳于髡又问："车轮是圆的，水往下流，对不对？"邹忌又说："完全对，方的不能转动，水不能倒流，我必须顺应民心民情。"淳于髡又说："貂皮破了，不能用狗皮补，对不对？"邹忌说："没错。我绝不能让小人占据高位。"淳于髡说："造车得算准尺寸，弹琴必须定好调，对不对？"邹忌说："对。我一定要严明纪律。"淳于髡说完后站起身，向邹忌行过礼，扬长而去。

学生问淳于髡："您不是说给邹丞相提意见吗？怎么一个字也没沾边呢？"淳于髡笑道："丞相已经完全明白了我的意思，还用明说吗？"

在这个故事里，听话者从字面的话语含义中听懂了说话者内在的含义。这个故事告诉我们，抓住对方的主旨，就能正确地理解对方的意思，并可以高效地解决问题，话语理解力是听说能力的核心，是听话水平高低的重要标志。要提高自己的语言敏感性，善于从发言者的话中，找出他没有明白表示出来的意思，就可以避免造成误解。

学会提炼话语中的关键词

所谓的关键词，指的是描绘具体事实的用词，这些用词透露出重要的信息，同时也显示出对方的兴趣和情绪。透过关键词，可以看出对方喜欢的话题，以及说话者对人的信任。

找出对方话语中的关键词，也可以帮助我们决定如何响应对方的说辞。找出对方话语中的重点，并且把注意力集中在重点上，这样我们才能比较容易地从对方的观点中了解整个问题。只要我们注意力集中，不在细枝末节上纠缠，就不会因为漏掉对方话中的重点或是错过主要的内容，而浪费宝贵的时间，做出错误的判断。

在人际交往中，学会听话语中关键词的作用是非常重要的。心理学研究表明，越是善于倾听他人关键话语的人，与他人关系就越融洽。

达到倾听的最高层次

有学者认为，有效地倾听是可以通过学习获得的。把握谈话中的关键词是倾听过程中的重点，因为，把握好关键词能够让我们获取更多的信息。从而掌握沟通的主动权。根据影响倾听效率的行为特征，我们把倾听分为三种层次，认识自己的倾听行为，并通过学习使自己的倾听层次逐步上升到第三种层次，你就可以成为一名高效率的倾听者，从而不断提高自己的沟通能力和交际能力。

倾听的三个层次具体如下：

层次一：倾听者完全没有注意对方的谈话内容。在这个层次上，倾听者表面上是在听，实际上是在想与对方谈话毫无关联的事情，或者在琢磨自己的辩词。这种层次上的倾听者只对说感兴趣，对对方的话根本不在意，所以这类倾听者容易导致沟通中关系的破裂甚至会出现冲突。

层次二：倾听者只注重字词表面的意思。倾听者在听的过程中，只注重说话人所说的内容，却忽视了语调、身体姿势、手势、面部表情等无声语言。但无声语言往往更能传达说话人的真实意思，所以这一层次的倾听者常常产生误解别人的意思，进而做出错误的举动，影响沟通的顺利进行。另外，倾听者在听的过程中如果只是象征性地点头同意而不询问其真实意思，则会让说话者误认为他的话被理解了，这也会给下面的沟通带来潜在的阻碍。

层次三：倾听者在听的过程中寻找兴趣点，并以此促进沟通的顺利进行。这一层次的倾听者才是一个优秀的倾听者。因为兴趣点是获取新的有用信息的契机，高效率的倾听者则能很好地利用这一点攫取更多有价值的信息，从而掌握谈话的主动权，促进沟通的顺利进行。

处于第三种层次的倾听者善于及时总结已传递的信息，质疑或权衡所听到的话并有意识地注意非语言线索，从而总揽全局。由此可见，倾听的最高境界就是做一个高效的倾听者，及时把握对方话语中的关键词，从而获取更多有价值的信息。

提高自己的倾听水平需要不断地练习。首先加强自己的知识积累，这是理解力的前提。其次，还要能对别人的长篇大论进行简短的总结。另外，我们还可以练习速听，看自己能否瞬间抓住主旨。经过反复的练习，相信我们的倾听技巧会更加娴熟。

第八章 千万别"踩"批评的"雷区"

俗话说,人要脸,树要皮。这世界上大概没有人不要面子的,爱面子是人的天性。所以,一个人在批评他人的时候,要懂得批评的技巧,这样能和谐人际关系,消除不必要的误会。良药不一定就是苦口的,真正对人有益的话也可以包上一层糖衣。如果你说话火爆,只知直来直去,无视他人面子,漠视他人感受,你的前路就会障碍重重,你又怎么能有好人缘呢?

忠言逆耳，点到为止

古人说得好："良药苦口利于病，忠言逆耳利于行。"对于批评自己的人，一般都是真心对待自己，希望自己能改正缺点，朝着好的方面发展，对被批评者可谓是一片忠诚。但是，忠言毕竟难以入耳，让人不容易接受。所以，当你要为他人献忠告或给予批评、指责的同时，必须用好自己的脑，管好自己的嘴，话既要切中要害，又不能一下点破，遵守话说三分、点到为止的原则，这样别人对你的"忠言"才能听入耳、记在心。

如果不讲究方法，有些忠告一说出来，有时还可能引起他人的误会，达不到自己预期的效果。遇到这种情况发生时，不妨话说三分，点到为止，像这种似有似无的忠告或指责，往往比直来直去的效果要好得多。

历史上这类事例和教训很多，比如商朝末年的纣王，昏庸无道，比干丞相为了江山社稷，多次向纣王进谏，纣王不但没有将他的进谏听入耳，记于心，反而将其剖心处死。因此，我们在社会上打拼，目的是为了事业的成功和生活的幸福，这些教训不能不吸取。你只要细心观察，在我们周围总有一些人，嫉妒别人的能力比自己高，才学比自己渊博，遇到这样的人，如果你依然直接向他进献忠言，结果只有一个，那就是不欢而散。

那么，我们要怎样才能把忠言说到他人心坎里呢？

1、我们的忠言要体现出"忠"

忠言首先应该是对他人诚心诚意的关怀。当你对某人提出批评时，如果对方发现你并不是为了关心他才批评他，而是出于你个人的某种意图，他马上会站到与你敌对的立场上。因而对人提出忠言的时候，应该抱着体谅的心情。诚然他在某些方面可能做得不对，但是他可能有难言的苦衷。所以，我们说忠言的同时还要体谅他的难处，不要一味地强求或大加责难。必要的时候要深入他的内心，帮助他彻底地解决"心病"。

2、我们的忠言要从实际出发

忠言要想获得他人承认，必须对真实情况有一定的了解，不要捕风捉影。只有了解了事实，你才能清楚地判断提出忠告是否真的有必要，提出忠告的角度怎么选择，忠告以后会有怎样的效果。倘若你是公司的一名职员，对公司的计划背景等缺乏了解时，就对其提出自己的看法，那么你不可能获得上司的信赖。相反，上司还会认为你思考问题不够周到。所以说，不了解他人的意图，就对他人的行为妄加非议，他人会认为你没有诚心，缺乏责任感。尤其是，你如果仅凭借听到的小道消息忠告别人，则极容易引起误解。

3、献忠言要选择措辞

掌握了事实真相和对方的心理后，这时就该拿出勇气来敬献忠言，指出他应该改善的错处。当然，一定要注意你的措辞，否则就容易得罪人。如果你是一名管理者，就不应用这种口气对下属说话："像你这样的年轻人太自以为是"，"你这样说太可笑了……"。作为一名领导，诸如此类的措辞永远都是失败的。

4、献忠言要注意场合

忠言不是随便什么地点都能说的，特别要注意，提出忠告，切忌在大庭广众之下。因为提出忠告的时候可能会涉及他的短处，触动他的伤疤，而每个人都有自尊心，被当众揭短时，情面上很容易下不了台，从而很容易产生抵触情绪。在这种情况下，即使你是善意的，他也会认为你是在故意让他在大庭广众之下出洋相，那么如此一来，你真的做了一件费力不讨好的事。

5、献忠言要把握时机

张口就要忠告他人的人，是一个没有脑子的人。想在这个社会上活，这些说话的细枝末节都要注意。比如在当事人感情冲动的时候，切忌不要提出忠告。因为在他冲动的时候，理智起不到半点作用，他也判断不清你的用意。这时提出忠告，不仅不能解决问题，反而是火上浇油。

6、忠言必须简洁而突出重点

我们向他人提出忠告的时候，一定要注意简洁中肯，按照"一时一事"的原则。若是再加上回溯起对方过去的缺失，再予以责备，当然会引起对方的反感，不理睬你的好心了。所以要掌握重点，不要随便提及其他的与之无关的事情，这是敬献忠言时很重要的一个方法。

7、忠言要给对方留有回旋的余地

我们向他人提出忠告时，不能把话说得太死，把对方的路堵死，切勿将他批评得一无是处。有些事，有些话，该隐藏的还是要隐藏，否则很容易引起对方的逆反心理，形成破罐破摔的局势，最终导致你的忠告不仅无效，反而被别人误会你存心不良。这就是说，你在提忠告时要有一些说话的技巧，在含蓄的指责同时，不妨加些赞美，比如："你平时工作很努力，表现得也很积极，唯一的一点小毛病就是欠缺那么一点稳重，如果做事前再谨慎些，前途就更明亮了。"用这种口气跟他说话，对方感受到的不是批评而是鼓励，肯定非常愿意接受你的忠告。

可见，忠告他人不是一件容易的事，在我们为别人提出忠告时，往往同样的一个忠告，不同的提法可能会为你赢得尊敬，也有可能惹来不必要的麻烦。真正会有好人缘的人，总是在指责他人的时候留一手，不直接点明，不是得理不饶人，而是用含沙射影来代替直截了当；总是能把话说三分、点到为止运用得恰到好处，因为这样才能给他人留有余地。

批评完了就完事了吗

人人都喜欢表扬、赞美，批评总是令人难堪的。但是，人非圣贤，孰能无过？如果我们发现别人的错误而不能指出，甚至还要随声附和，那会是件多么令人难过且不安的事情。

因此，要摆脱"说"还是"不说"这种左右为难的尴尬局面，需要掌握批评的技巧。批评是交际中最难把握的一种表达方式，要考虑时间、地点、对象等多种复杂因素，其宗旨是要照顾对方的自尊心，力求不伤害对方。

再说，任何人在一生之中都无可避免地要犯许多错误，有些错误甚至会是致命的。对待那些犯了错误的人，人们总是会给予批评。因为，他们在工作中出现了失误，就应当承担相应的责任。人们埋怨他、责怪他也是情理之中的事。但是，批评了他，发泄完了自己的不满之后就完事了吗？

1909 年，德国威廉二世时期的布洛亲王就曾因为出言不逊差点招致了大麻烦。

当时的德国在整个欧洲大陆堪称后起之秀，虽然不能与老牌强国英国和法国相提并论，但它的实力绝不允许任何一个国家小瞧它，威廉二世作为一国之君，极其傲慢，经常口无遮拦。布洛亲王为人谦虚和善、风度优雅，深得德国人民的爱戴。同时他也对威廉二世的所作所为极为不满，认为他不能算是一名贤明的君主。所以，当威廉二世向他提出一些荒谬的建议时，他再也无法忍受了，他极力控制着自己的情绪，对威廉二世说"陛下，这对我来说几乎不可能。全德国和英国没有人会相信我有能力建议陛下说出这些话。况且，一个人总要为他所做的一切承担责任，不是吗？"布洛亲王的话刚一出口，就意识到自己犯了一个大错误，他想改口已经来不及了。

"住口！"威廉二世听到布洛亲王这样对自己讲话，大为恼火，他咆哮道："你认为我是一个蠢人吗？难道你自己就没有犯过错误吗？你胆敢蔑视国王！"

布洛亲王知道自己刚才讲话的方式太直接了。有欠妥当，但已经太迟了，话已出口，想收也来不及了。他只好改变策略，十分诚恳地对威廉二世说："我绝对没有这个意思，陛下在许多方面都胜我很多，尤其是在自然科学方面。在陛下解释晴雨计，或是无线电报，或是仑琴放射线的时候，我经常是注意倾听的。而且，内心十分佩服陛下，同时对自己十分惭愧，因为我对自然科学的每一门都茫然无知，对物理和化学毫无概念，甚至连解释最简单的自然现象的能力都没有。"布洛亲王继续说："但是为了补偿这方面的缺点，我学习了某些历史知识，以及一些可能在政治上，特别是对外交上有帮助的知识。"

当威廉二世听到这时，脸上终于露出了微笑，他说道："我不是经常告诉你，我们俩人互补长短，就可以闻名于世吗？我们应该团结在一起，我们应该如此。"接着他十分激动地握住布洛亲王的双手继续说："如果任何一个人敢对我说你布洛亲王的坏话，我就一拳打在他的鼻子上。"

布洛亲王的做法是值得我们仿效的。在痛斥对方之后，一定不要忘记立即补上一句安慰或鼓励的话语。因为，任何人在遭受斥责之后，必然会垂头丧气、心灰意冷，对自己的信心丧失殆尽，心中不由会想：这下我完了，今后永无出头之日了。如果他真的抱有这种想法的话，结局只有两种可能：要么破罐破摔、自暴自弃；要么与你反目成仇、对抗到底。这样的话，你们之间今后就难以共处。所以，当别人犯错误后，"打一巴掌不忘揉三揉"。

你可以试着去改变一个人，但不能伤害他的感情，更不能引起他的憎恨。适时用一两句温馨的话语来鼓励他，并告诉他：因为你是很有前途的，所以才批评你。这样，他就会从内心深深体会到你的"爱之深，责之切"，并将更加发奋努力。

周恩来总理在这方面是我们的典范。他总是抱着与人为善的至诚，对同志的缺点错误及时进行批评教育，令人心悦诚服。1952 年，周恩来率政府代表团抵达苏联，就我国"一五"期间前往苏联援建项目问题进行谈判。抵苏后，他把有关人员集中起来，逐字逐句讨论修改计划草稿。复印前，他又专门叮嘱一位同志把好最后校对这一关，但当周总理拿到稿子后发现仍然有差错，他并没有直接批评校对的同志。第二天，周总理来到代表团驻地与大家共进午餐时，特地与这位同志碰了杯，笑着说："罚酒一杯吧！"这么简单的一句话，既亲切又严肃，使这位同志既内疚而又不会难堪，收到了"心有灵犀一点通"的效果。

伏尔泰曾有一位仆人，有些懒惰。一天伏尔泰请他把鞋子拿过来。鞋子拿来了，但布满泥污。于是伏尔泰问道："你早晨怎么不把它擦干净呢？"

"用不着，先生。路上尽是泥污，两个小时以后，您的鞋子又要和现在的一样脏了。"

伏尔泰没有讲话，微笑着走出门去。仆人赶忙追上说："先生慢走，钥匙呢？食橱上的钥匙，我还要吃午饭呢。"

"我的朋友，还吃什么午饭。反正两小时以后你又将和现在一样饿了。"

伏尔泰巧用幽默的话语,批评了仆人的懒惰。如果他厉声呵斥他、命令他,则就不会有这么好的效果了。

我们经常看一些歌唱比赛、辩论赛,在专家点评时,他们经常用这种几乎是无往不胜的妙招:先指出选手的优点,然后再根据具体情况指出不足之处。不仅是在这些比赛中,在谈判桌前、在工作中、在生活中、在一切与人相处中都会用得着这一招"先扬后抑"法。老师为了不打击学生的自信心和学习积极性,总会先分析这位学生的优点,进步的地方,然后再慢慢道出他的不足之处。这种方法会让人在心理上能够接受,面子上也过得去。既达到目的,又保住自己且不伤害别人,何乐而不为呢?

让批评伴随着祝福

与周围的人保持和气与友爱，最大的原则是不要批评，尽量少批评或委婉批评。

美国俄克拉荷马州恩尼德市的江士顿，是一家工程公司的安全协调员。他的职责之一是监督在工地工作的员工戴上安全帽。他说他一碰到没有戴安全帽的人，就官腔官调地告诉他们，要他们必须遵守公司的规定。员工虽然接受了他的纠正，却满肚子的不高兴，而常常在他离开以后，又把安全帽拿了下来。

他决定采取另一种方式。下一次他发现有人不戴安全帽的时候，他就问他们是不是安全帽戴起来不舒服，或者有什么不适合的地方。然后他以令人愉快的声调提醒他们，戴安全帽的目的是在保护他们不受到伤害，建议他们工作的时候一定要戴安全帽。结果是遵守规定戴安全帽的人愈来愈多，而且不会造成愤恨或情绪上的不满。

同样是戴安全帽的事情，由于采取了平等和气的方式，收到的效果大不一样。为什么会出现这种情况？因为后一种说法里少了一些批评的意味，而多了一些祝福的味道。

众所周知，林肯是世界上最伟大的成功者之一，但一般人有所不知，他后来的成功很大一部分在于他深切地汲取了恣意批评别人和得罪别人的教训。那时，他还很年轻，在印第安纳州的鸽溪谷，他不仅批评别人，还写信作诗揶揄别人，把那些信件丢在一条会被人发现的路上。其中有一封信所引起的反感，持续了一辈子。

林肯在伊州春田镇执行律师业务的时候，甚至投书给报社，公开攻击他的对手。1842 年秋天，他取笑了一位自负而好斗名叫詹姆斯·史尔兹的爱尔兰人。林肯在春田时报刊登出了一封未署名的信，讥讽他一番，令镇上的人都捧腹大笑起来。史尔兹是个敏感而骄傲的人，气得怒火中烧。他查出写那封信的人是谁，跳上马去找林肯，跟他提出决斗。林肯不想跟他决斗。他反对决斗，但是为了颜面又不得不决斗。对方给他选择武器的自由。因为他的双臂很长，他就选择骑兵的长剑，并跟一名西点军校的毕业生学习舞剑。决斗的那一天，他和史尔兹在密西西比河的沙滩碰头，准备决斗至死为止；幸亏，在最后的一分钟，他们的助手阻止了这场决斗。

这是林肯一生中最恐怖的私人事件。在做人的艺术方面，他学到了无价的一课。他从此再没有写过一封侮辱人的信件，不再取笑任何人了。从那时候起，他几乎没有为任何事批评过任何人。

南北战争的时候，一次又一次，林肯任命新的将军统御波多麦之军，而每一个将军——麦克里蓝、波普、伯恩基、胡克尔、格兰特……相继地惨败，使得林肯只能失望地踱步。全国有一半的人，都在痛骂那些差劲的将军们，但林肯因为"不对别人批评，只对大家祝福"，一声也不吭。他喜欢引用的句子之一是"不要评议别人，别人才不会评议你。"

当林肯太太和其他人对南方人士有所非议的时候，林肯回答说："不要批评他们；如果我们在同样情况之下，也会跟他们一样。"

把自己的肩头尽量跟别人摆齐，不故作姿态，不自以为是，不站在别人的肩头评足品头，说三道四和指手画脚，始终保持与对方平等的姿态说话和办事，才不至于伤及别人的面子和自尊心，才有可能与别人保持友好关系，赢得好人脉，才有助于做好自己的工作和事业。

让批评多一点风趣

在社会交往中，有时要批评他人，却又不能直来直去，怎么办？不妨风趣一点，即在批评时来一点幽默，进行幽默式批评，这种批评他人的方式方法，可能会起到更好的作用。

"幽默"式批评，是一种巧妙的批评方法；它是在批评过程中，使用含有哲理的故事、双关语、形象的比喻等，缓解批评的紧张情绪，启发批评者思考，增进相互间的感情交流，使批评能有一个轻松愉快的气氛。

幽默式批评重在于启发、调动被批评对象积极思考，它以幽默的方式点到批评对象的要害之处，含而不露，令人回味无穷。

某校有个男孩子，家庭很不幸，父亲车祸身亡，母亲再婚，剩下他与年迈的爷爷奶奶生活。爷爷奶奶管不了他的学习，加上自己自制能力差，作业经常做不好，反正无论怎样严厉的批评对他也是不痛不痒。

又有一次，他没有完成作业。下课后，班主任把他带到办公室，对他说："你怎么又没有完成作业？"他低着头不吭声。班主任接着又说："你是不是怕老师作业判多了累着呀？如果是那样的话，你真是个爱老师的好孩子。"

这个男孩子听了班主任的话，先是有点莫名其妙，然后，他听出了老师的意思，便不好意思地对老师说："老师，你别说了。我明白你的意思了，我以后会完成作业的。"

从此以后，他完不成作业的情况大为好转，学习自觉性和积极性明显提高了。

从这件事中，我们可以知道，每个人都有每个人的个性，无论是老师批评学生还是单位领导批评员工,都要针对被批评者的不同的个性,有的放矢对其进行批评,俗话说得好"一把钥匙开一把锁",只有这样才会取得意想不到的效果。

幽默式批评这一方法,学校教师运用得最多。教师对待调皮、不听话的学生,恰如其分地运用幽默风趣的批评方式,可以消除学生的逆反心理,沟通师生之间的感情,收到事半功倍的效果。我们如果不是做教师工作,同样也能有所启发。

有一个学生上午第一节上课迟到,教师笑着问他:"今天早晨,你们那里的太阳比我们这儿升得晚些吧?"

有一学生自习课讲话,影响他人学习,教师来到他身边,叫他查查"缄默"的词义。

学生课间说粗话脏话,教师拿出餐巾纸叫他擦擦不干净的部位。

下课后,学生在教室里吵得灰尘漫天,教师进入教室对着同学说:"抗战早就胜利,怎么还硝烟弥漫?"……

这些充满风趣的批评,在顾及学生自尊心的前提下,比简单粗暴的训斥,效果来得好。

由此及彼,我们可以从中领悟到,在这个社会上,我们谁都难免有做错事的时候,当有人做错事时,如果以严厉的语言、严肃的面孔去回击,批评就如同冰刀霜剑。此时,我们不妨巧用幽默化庄为谐,变雷霆万钧式的说教为和风细雨般的调侃,更能达到"润物细无声"的目的。

让批评多一点儿风趣,切忌硬对硬,大发脾气,有时候善于避实就虚,将错就错,用调侃式的话语借题发挥,不仅维护了自己的尊严,而且对那些喜欢搞恶作剧的人也是一种无声的回击,从而巧妙地化干戈为玉帛。

面对批评不要太较真

现代社会，各种压力接踵而至，竞争加剧，人际关系复杂，个人在社会化的影响下更显得弱小无力，许多人都在感慨：活得真累啊！毫无疑问，如何做人是一门精深的学问，细细想一想，保持平和的心态，凡事不要太较真，特别是面对上级或他人对你的错误批评时更不要较真。

南怀瑾先生所谓"有些地方马虎一点儿"，实际上是说，处世不要过于较真。过于较真的人往往也过于固执、做事太死板，容易走进"死胡同"。因此，人不要一条道路走到黑，一个死理论到底。天下没有过不去的河，也没有解决不了的问题，关键是要懂得"转弯"。自己拥有的并不一定是真理，他人持不同意见时，也可能是对的，或可能有部分道理。

做人固然不能玩世不恭，游戏人生，但也不能太较真，认死理。太认真了，就会对什么都看不惯，连一个朋友都容不下，把自己同社会隔绝开。镜子很平，但在高倍放大镜下，就成了凹凸不平的山峦；肉眼看很干净的东西，拿到显微镜下，满目都是细菌。试想，如果我们"戴"着放大镜、显微镜生活，恐怕连饭都不敢吃了。再用放大镜去看别人的毛病，恐怕许多人都会被看成罪不可恕、无可救药的了。

做人做事如此，说话又何尝不是如此？

古语说："水至清则无鱼，人至察则无徒。"孟浩然、辛弃疾、苏东坡等大文豪若不是太较真儿，肯定会借力上青云，实现自己一生的胸襟和抱负，就不会仕途不济，英雄无用武之地；郑板桥"难得糊涂"不失为一种藏巧露拙的自我保护；曾国藩韬光养晦，励精图治终成了一代名臣。清宰相张英的"千里家书只为墙，再让三尺又何妨？万里长城今犹在，不见当年秦始皇。"巧妙地化解了邻里矛盾。

　　但是，如果要求一个人真正做到面对批评不较真，也不是简单的事，首先需要有良好的修养、善解人意的思维方法，并且需要经常从对方的角度设身处地地考虑和处理问题，多一些体谅和理解，就会多一些宽容，多一些和气，多一些友谊。

　　有位职员回家后到一个小店买酱油，因自己给错了钱被店主说了几句，于是总抱怨这小店卖酱油的售货员态度不好，像谁欠了她巨款似的。后来该职员的妻子打听到了女售货员的身世，她丈夫有外遇离了婚，老母瘫痪在床，上小学的女儿患哮喘病，每月只能开四五百元工资，一家人住在一间 15 平方米的平房。难怪她一天到晚愁眉不展。这位职员从此再不计较她的态度了，甚至还建议大家都帮她一把，为她做些力所能及的事。

　　由此可见，在公共场所遇到不顺心的事，实在不值得生气。有时素不相识的人冒犯你，其中肯定是另有原因，不知哪些烦心事使他此时情绪恶劣，行为失控，正巧让你赶上了，只要不是恶语伤人、侮辱人格，我们就应宽大为怀，不以为然，以柔克刚，晓之以理。总之，没有必要与这位原本与你无仇无怨的人瞪着眼睛较劲，假如较起真来，大动肝火，枪对枪、刀对刀地干起来，再酿出个什么严重后果来，那就太划不来了。与萍水相逢的陌路人较真，实在不是聪明人做的事，假如对方没有文化，与其较真就等于把自己降低到对方的水平，很没面子。另外，从某种意义上说，对方的触犯是发泄和转嫁他心中的痛苦，虽说我们没有义务分摊他的痛苦，但确实可以你的宽容去帮助他，使你无形之中做了件善事。这样一想，也就会容忍他了。

清官难断家务事，在家里更不要较真，否则你就愚不可及。老婆批评你几句，即使她批评错了，也不要去较真。都是一家人，何以要用"异己分子"的眼光看问题，分出个对和错来，又有什么意思呢？人们在单位、在社会上充当着各种各样的角色，一回到家里，脱去西装革履，也就是脱掉了你所扮演的这一角色的"行头"，即社会对这一角色的规范和要求，还原了你的本来面目，使你可以轻松愉悦地享受天伦之乐。假若你在家里还跟在社会上一样认真、一样循规蹈矩，每说一句话、做一件事还要考虑对错、妥否，顾忌影响、后果，掂量再三，那不仅可笑，也太累了。

我们的头脑一定要清楚，在家里你就是丈夫、就是妻子、是母亲。所以，处理家庭琐事要采取"绥靖"政策，安抚为主，不妨和和稀泥，当个笑口常开的和事佬。具体说来，做丈夫的要宽厚，在钱物方面睁一只眼，闭一只眼，越马马虎虎越得人心，妻子对娘家偏点心眼，是人之常情，你根本就别往心里去计较。妻子对丈夫的懒惰等种种难以容忍的毛病，也应采取宽容的态度，切忌唠叨起来没完，嫌他这、嫌他那，也不要在丈夫偶尔回来晚了或女士来电话时，就给脸色看，鼻子不是鼻子脸不是脸地审个没完。看得越紧，逆反心理越强。家庭是避风的港湾，应该是温馨和谐的，千万别把它演变成充满火药味的战场，狼烟四起，鸡飞狗跳，关键就看你怎么去把握了。

有位智者说，如果大街上有人骂他，他连头都不会回，因为他根本不想知道骂他的人是谁。因为人生如此短暂和宝贵，要做的事情太多，何必为这种令人不愉快的事情浪费时间呢？这位先生的确修炼得颇有城府了，知道该干什么和不该干什么；知道什么事情应该认真，什么事情可以不屑一顾。要真正做到这一点是很不容易的，需要经过长期的磨炼。如果我们明确了哪些事情可以认真，可以敷衍了事，我们就能腾出更多的时间和精力，全力以赴认真地去做该做的事，这样我们成功的机会和希望就会大大增加。

当然，不较真儿也不是一味地姑息迁就，丧失原则。而是要巧妙转换，注意方法，讲究策略，以柔克刚，在不经意间抓住有利时机达到双赢。

批评他人切忌没完没了

如果说说话是一门学问、一门艺术的话，那么批评就是学问之上的学问、艺术之中的艺术。我们在生活中都有这样的体会，即有的人会说话，即使是对他人不利的话也会让人听着受用；有的人不会说话，即便是表扬别人，别人也会听着难受甚至反感。尤其是批评他人时，由于往往涉及他人的缺点或不足之处，因此，批评的方式恰当与否就显得更加重要。

这就是说，如果我们在批评别人时不注意方法，狠狠地将对方批得体无完肤，那么，对方很可能就会"明知道自己错了，可就是不改正"。

比如，某公司的一位员工迟到了，上司如果这样批评他："你为什么迟到了？你知道迟到的后果吗？你知道迟到的严重性吗？你知道迟到对公司造成的极大影响吗？公司并不只有你一个人，想什么时候来就什么时候来，你这种行为根本无视公司的规定，你该好好反省反省了！你先写一个书面反省交给我，还要到大会上当众检讨……"

其实，与其这样没完没了地批评，倒不如抓住对方的"心"点到为止："我想你肯定也知道迟到是不对的，如果你能坚持这样正确的看法，相信很快你就能发现员工准时上班的乐趣。"这样的说法，相信员工更愿意接受。

实际上，如果对方犯的不是原则性错误，我们就没必要没完没了地批评。我们或者不指名道姓，用温和的语言，只点明问题；或者是用某些事物对比、影射，也就是平常所说的"点到为止",从而起到一定的警示作用即可。

俗话说,批评的话最好不超过三四句。会做工作的人,在对人批评教育时,总是三言两语见好就收,不忘给对方留下一定的余地;然而有些人就不是这样,他们总是不肯善罢甘休,非要将对方批评得体无完肤不可,结果是过犹不及,往往将事情推到了反面。

在战国时期,齐景公的一匹心爱的马突然死去,齐景公非常伤心,一定要杀掉马夫以解心头之恨。众位大臣一起劝阻齐景公不可为一匹马而滥动刑罚,而齐景公已铁定了心,说什么也不听劝告。

这时,国相晏婴走了出来,众臣都以为晏婴也有劝诫齐景公的意思,谁也没有料到,晏婴却明确地表态说:"这个可恶的马夫,该杀!"

齐景公十分高兴,就把那个心含冤屈的马夫喊来,听晏婴解释他的罪过。晏婴历数马夫的三大罪状:"你不认真饲马,让马突然死去,这是第一条死罪;你让马突然死去,却又惹恼君主,使君主不得不处死你,这是第二条死罪。"

听晏婴痛说马夫的前两条死罪,齐景公心中真是乐滋滋的。可晏婴话锋一转,说出了马夫的第三条罪状:"你触怒国君因一匹马杀死你,使天下人知道我们的国君爱马胜于爱人。因此天下人都会看不起我们的国家,这更是死罪中的死罪,罪不可赦!"

齐景公也是一位聪明的国君,当听到晏婴说完第三条时,立刻醒悟了,知道了自己的错误,于是下令放了马夫。

晏婴没有像其他大臣一样直言,也不是没完没了地批评齐景公,而是三言两语点破,让齐景公自己悟出来,明白自己的过错。于今,社会上许多人却不懂得这个道理,他们批评人时,总是没完没了。究竟是怎样没完没了，有人总结了下面两个方面，值得我们引以为戒：

1. 爱翻陈年老账

有的人为了证明自己的观点是正确的，批评人时喜欢翻陈年旧账，把对方过去的错误甚至不足之处一股脑地翻出来，事实上，这样做往往令对方难以接受甚至恼羞成怒，最终导致双方不欢而散。

人在社会上活，我们应该看到，对于任何一个人来说，错误都是在所难免的，更何况曾经的错误只能代表对方的过去，而现在时过境迁，对方不仅会认为你的批评不是实事求是，而且会认为你是有意责难，无疑会对你的批评产生抵触情绪。

再说，在批评他人时翻老账，尤其是一些犯过某些关乎人格错误的人，往往会使对方造成你对他的过去耿耿于怀，不肯原谅他的想法，极易使对方产生怨恨心理。

此外，曾经的错误或过失往往是一个人的遗憾或伤痛，而揭开他人伤疤不仅是对人不尊重的表现，而且很容易招致对方的强烈不满，进而影响双方关系。因此，在批评他人时，应该尽量避免翻老账。

2. 上纲上线没完没了

某学生早晨喝完牛奶，就随手从窗户往下扔空牛奶盒子，正巧打着了楼下的一位学生。事情闹到了老师那里，乱扔盒子的学生被班主任叫到了办公室——

"你知道这种行为的严重后果吗？"班主任厉声质问。

"老师，我错了，我以后再也不往下扔东西了！"这时，学生眼里的泪水已在打转。

"幸亏你扔的是纸盒，如果是铁盒、砖块呢？还不给人家脑袋砸破?"

"万一砸出人命来怎么办?"……

班主任连连质问、斥责,由纸盒而铁盒而砖块而人命而……说了一大堆,越说越严重,越说越玄乎,似乎还不满足,仍想继续"发挥",但这时,学生已变得充耳不闻,表情淡漠了。这种刺激过多、过强或作用时间过久,而引起极不耐烦或逆反的心理,被人们称之为"超限效应"。

为避免这种超限效应,在批评人时出现,我们要把握好批评的"度",切忌大肆渲染,无限上纲。要学会见好就收,自觉控制不良情绪,能少说的就不多说,留点精力给自己,多留点空间给他人,让他人自己去反思,使他人学会自我教育和自我发展,切忌对错误"穷追不舍",这会让他人产生厌烦心理,反而不利于工作和人际关系。